Marc Ruberg und Detlef Schmuck

Widerstand gegen die digitale Überwachung !

Wofür Julian Assange und Edward Snowden kämpften

Wehren wir uns gegen die digitale Massenüberwachung
und treten für die Freiheit ein

Marc Ruberg

Detlef Schmuck

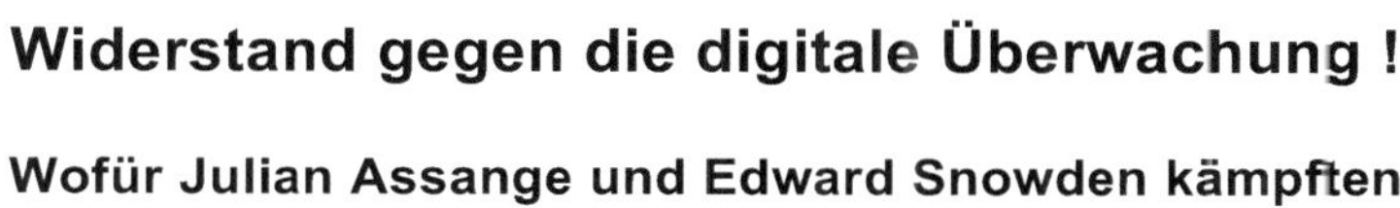

Widerstand gegen die digitale Überwachung !

Wofür Julian Assange und Edward Snowden kämpften

Wehren wir uns gegen die digitale Massenüberwachung
und treten für die Freiheit ein

Diplomatic Council Publishing

1. Auflage 2022

Bibliografische Informationen der Deutschen Nationalbibliothek

Die Deutsche Nationalbibliothek verzeichnet diese Publikation in der Deutschen Nationalbibliografie; detaillierte bibliografische Daten sind im Internet über http://dnb.d-nb.de abrufbar.

Printed in the Federal Republic of Germany.

Gestaltung, Cover und Satz: IMS International Media Services, Wiesbaden

Gedruckt auf säurefreiem Papier.

Print ISBN: 978-3-947818-93-8
E-Book ISBN: 978-3-947818-94-5

Dieses Buch ist Julian Assange und Edward Snowden gewidmet. Beide haben auf ihre Art die Gefahren eines Überwachungsstaates erkannt, aufgedeckt und dagegen gekämpft.

Inhalt

Vorwort

Julian Assange und Edward Snowden haben ihr Leben aufs Spiel gesetzt, um aufzudecken, wie die Regierung der Vereinigten Staaten von Amerika nicht nur die eigene Bevölkerung, sondern mehr oder minder die ganze Welt bespitzelt. Julian Assange ist aus diesem ungleichen Kampf mit der Staatsmacht USA als gebrochener Mann hervorgegangen, Edward Snowden konnte sich in Russland in Sicherheit bringen. Beide haben ihre Existenz dafür hingegeben, das Eindringen der US-Geheimdienste in die Privatsphäre unbescholtener Bürger und in die Geheimnisse anderer Staaten und internationaler Organisationen an das Licht der Öffentlichkeit zu bringen.

Die digitale Überwachung ist indes nicht auf die USA beschränkt, auch in vielen anderen Ländern gibt es immer und immer wieder den Versuch der Regierungen, ihrer Bevölkerung auf die digitalen Finger zu sehen. Die Europäische Union und die Bundesrepublik Deutschland stellen keine Ausnahmen dar.

Mit dem vorliegenden Buch wollen wir klarstellen, wofür Julian Assange und Edward Snowden gekämpft haben und warum es richtig und wichtig ist, dass wir alle diesen Kampf weiter fortsetzen. Sicherlich werden die meisten von uns nicht zu derart drastischen Mitteln greifen wie Assange und Snowden, allein schon, um die eigene Existenz nicht zu gefährden. Aber es gibt viele Wege, den Schutz der Privatsphäre gegen die Angriffe von Geheimdiensten und Regierungen, den maßlosen Datenhunger der Digitalkonzerne und nicht zuletzt das skrupellose Vorgehen krimineller Hacker zu verteidigen.

Dabei war es uns besonders wichtig, die Verquickungen dieser unterschiedlichen Angriffsformen auf unsere Privatsphäre aufzudecken. Der Staat verlangt von uns immer mehr Daten mit dem Versprechen, dadurch seine hoheitlichen Aufgaben besser erfüllen zu können und uns eine höhere Sicherheit zu gewährleisten. Die Unternehmen ermuntern uns, ihnen möglichst viele Daten anzuvertrauen, um uns dadurch vermeintlich bessere Dienstleistungen anbieten zu können. Doch je mehr wir über uns verraten, gleichgültig, ob es an staatlichen Stellen oder in den Datensilos der Firmen gespeichert wird, desto gläserner und desto angreifbarer sind wir.

Das vorliegende Buch stellt einen Aufruf dar, gegen diese zunehmende Bedrohung unserer Privatsphäre Widerstand zu leisten. Der Datenschutz erscheint manchmal lästig, häufig bürokratisch, gelegentlich in seinen Auswirkungen geradezu absurd. Aber machen wir uns klar: In einer digitalen Welt, in der unsere persönlichen Daten ungeschützt und unsere Privatsphäre bedeutungslos wären, wollen die meisten von uns vermutlich nicht leben. Wir, die Autoren, jedenfalls nicht!

Marc Ruberg, Detlef Schmuck

Helden der digitalen Welt

Julian Assange und Edward Snowden sind Helden der digitalen Welt, weil sie das Gebaren der Geheimdienste, insbesondere der National Security Agency (NSA) der Vereinigten Staaten von Amerika öffentlich gemacht haben. Beide haben der Politik und der Zivilgesellschaft rund um den Globus die Augen für eine der größten Gefahren der allgegenwärtigen Digitalisierung ein Stück weit geöffnet: den Verlust unserer Privatsphäre und damit dem Ende der Vertraulichkeit. Man ahnte sicherlich schon zuvor, dass es Bespitzelungen gibt, aber das ungeheure Ausmaß der systematischen digitalen Überwachung wurde erst durch Julian Assange und Edward Snowden offensichtlich. Es ging nicht um Ausnahmen und Einzelfälle, sondern um eine permanente und lückenlose Bespitzelung. Und sie war und ist keineswegs auf die USA begrenzt, China, Russland und auch Deutschland sowie sicherlich zahlreiche weitere Länder spielen ebenfalls mit.

Ohne Julian Assange und Edward Snowden wüssten wir nicht, zu welchen Mitteln die Staatsmacht tatsächlich greift, wenn ihre Geheimnisse aus den Datensilos ans Licht der Öffentlichkeit gezerrt werden. Wir hätten keine Beweise, welchen ungeheuren Druck die USA in einem solchen Fall auf verbündete Staaten ausüben, bis hin zu einem laut unabhängiger Bewertung der UNO konstruierten Vergewaltigungsvorwurf, um einen Mann, der im Sinne eines investigativen Journalisten Kriegsverbrechen aufdeckt, zu diskreditieren und dadurch einen internationalen Haftbefehl auszulösen.

Julian Assange und Edward Snowden haben einen hohen Preis für ihr Engagement gezahlt. Es mag sein, dass sie nach US-amerikanischem Recht als Schwerverbrecher wegen Hochverrats gelten, aber für viele Menschen rund um den Globus sind die beiden mutigen Männer vielmehr Helden der digitalen Welt, vergleichbar mit dem fiktiven Freiheitskämpfer *Winston Smith* in George Orwells dystopischen Roman *1984.* Wir erinnern uns: Will Smith leistet Widerstand gegen einen totalitären Überwachungsstaat. Der allgegenwärtigen Überwachung zum Trotz will Smith seine Privatsphäre sichern und etwas über die real geschehene Vergangenheit erfahren, die vom Staat durch umfangreiche Geschichtsfälschung verheimlicht wird. Dadurch gerät er mit dem System in Konflikt, das ihn gefangen nimmt, foltert und einer Gehirnwäsche unterzieht. [1] Die Biografien von Julian Assange und Edward Snowden sind ähnlich dramatisch.

Julian Assange erleidet ein schweres Schicksal

Julian Paul Assange, 1971 in Australien geboren, wird je nach Quelle als Computerhacker, Programmierer, investigativer Journalist oder Politikaktivist eingestuft. Er war Gründer und Sprecher der 2006 ins Leben gerufenen Enthüllungsplattform WikiLeaks. Auf dieser Online-Plattform konnten Dokumente anonym veröffentlicht werden, die als geheime Verschlusssache deklariert waren oder einer sonstigen besonderen Vertraulichkeit unterlagen, so dass sie für die Öffentlichkeit nicht zugänglich waren. Als WikiLeaks an den Start ging, wurde die Plattform als eine neue Form des investigativen Journalismus gefeiert, weil WikiLeaks für Personen aus Organisationen, die an Geheiminformationen herankamen, erstmals die Möglichkeit bot, diese Informationen öffentlich zu machen. WikiLeaks veröffentlichte zahlreiche interne Dokumente, unter anderem von US-Streitkräften und US-Behörden, zum Beispiel Kriegstagebücher über die Kriege in Afghanistan und im Irak. Der UNO-Sonderberichterstatter Nils Melzer, ein Rechtsprofessor aus der Schweiz und bei den Vereinten Nationen verantwortlich für die Aufdeckung von Folter, kam zu dem Schluss, dass über WikiLeaks unter anderem „mutmaßliche Kriegsverbrechen und Korruption" aufgedeckt wurden.[2]

Für die USA erwiesen sich die Veröffentlichungen als eine Art nationale Katastrophe und die Verfolgung von Julian Assange begann. Nachdem Schweden im Jahr 2010 wegen Vorwürfen einer „minderschweren Vergewaltigung" und sexueller Nötigung einen internationalen Haftbefehl gegen Julian Assange ausgestellt hatte, bereitete sich Großbritannien, wo er lebte, auf eine mögliche Überstellung vor. Er wurde indes auf Kaution freigelassen und das Land Ecuador gewährte ihm 2012 politisches Asyl. Die nächsten sieben Jahre lebte er als politischer Flüchtling in Ecuadors Botschaft in London. Er erhielt sogar die Staatsbürgerschaft Ecuadors. Doch im April 2019 entzog ihm der neu gewählte ecuadorianische Präsident Lenín Moreno sowohl das Asylrecht als auch die Staatsbürgerschaft. Im gleichen Monat wurde Julian Assange in der ecuadorianischen Botschaft von der britischen Polizei festgenommen und zu einer Haftstrafe von 50 Wochen verurteilt, da er sich durch seine Flucht in die Botschaft der Justiz entzogen hatte. Die USA nutzten ihre Chance und ersuchten Großbritannien um Auslieferung. Nahm man alle zu diesem Zweck eingereichten Punkte der US-Anklageschrift zusammen, so drohten Julian Assange bis zu 175 Jahren Haft, schlimmstenfalls sogar die Todesstrafe.[3]

40 Menschenrechtsorganisationen forderten daraufhin die britische Regierung auf, Assange unverzüglich freizulassen und seine Auslieferung an die USA zu verhindern.[4] Im Dezember 2020 äußerte die deutsche Menschenrechtskommissarin Bärbel Kofler (die Beauftragte der Bundesregierung für Menschenrechtspolitik und Humanitäre Hilfe) Besorgnis über das Auslieferungsverfahren und drängte Großbritannien dazu, bei der Entscheidung über eine Auslieferung Assanges physische und psychische Gesundheit zu berücksichtigen.[5] Am 4. Januar 2021 entschied ein Londoner Gericht, dass Assange wegen der zu erwartenden Haftbedingungen und bestehender Suizidgefahr nicht an die USA ausgeliefert werde; prompt legten die USA Berufung ein.[6] Am 10. Dezember 2021 hob ein Berufungsgericht in London das Auslieferungsverbot auf. Die Begründung: Die USA hatten humane Haftbedingungen für Julian Assange zugesichert.[7]

Der bereits erwähnte Schweizer Rechtsprofessor und UNO-Sonderberichterstatter Nils Melzer warf daraufhin den Behörden in Schweden, Großbritannien und den USA eine „zutiefst willkürliche Prozessführung“ vor. Er sah die Pressefreiheit im Kern bedroht und sprach von konstruierter Vergewaltigung und manipulierten Beweisen. Melzer sagte über sein Mandat als UNO-Sonderberichterstatter über Folter wie folgt: „Der Fall berührt mein Mandat in dreifacher Hinsicht. Erstens: Der Mann hat Beweise für systematische Folter veröffentlicht. Statt der Folterer wird nun aber er verfolgt. Zweitens wird er selber so misshandelt, dass er heute selbst Symptome von psychologischer Folter aufzeigt. Und drittens soll er ausgeliefert werden an einen Staat, der Menschen wie ihn unter Haftbedingungen hält, die von Amnesty International als Folter bezeichnet werden. Zusammengefasst: Julian Assange hat Folter aufgedeckt, er wurde selber gefoltert und könnte in den USA zu Tode gefoltert werden. Und so etwas soll nicht in meinen Zuständigkeitsbereich fallen? Zudem ist der Fall von emblematischer Bedeutung, er ist für jeden Bürger in einem demokratischen Staat von Bedeutung.“ [8]

Die Journalisten Daniel Ryser und Yves Bachmann haben im Januar 2020 ein ausführliches Interview mit dem zuständigen UNO-Sonderberichterstatter Nils Melzer geführt, das im folgenden auszugsweise wiedergegeben wird, weil die Bewertung der Sachlage aus dem neutralen Blickwinkel der Vereinten Nationen sicherlich zur Aufhellung beiträgt. Vor allem zeigt die Sichtweise der UNO erschreckend deutlich, zu welchen Mitteln die Staatsmacht greift, wenn ihre Geheimnisse aus den Datensilos öffentlich gemacht werden. Nils Melzer im Interview:

Wie sind Sie zu dem Fall gekommen?

Im Dezember 2018 wurde ich erstmals von seinen Anwälten um eine Intervention gebeten. Zunächst sagte ich ab. Ich war mit anderen Gesuchen überlastet und kannte den Fall nicht wirklich. In meiner von den Medien geprägten Wahrnehmung hatte auch ich das Vorurteil, dass Julian Assange irgendwie schuldig ist und ja, dass er mich manipulieren will. Im März 2019 kamen die Anwälte ein zweites Mal auf mich zu, da sich die Anzeichen verdichteten, dass Assange bald aus der ecuadorianischen Botschaft ausgewiesen werden könnte. Sie schickten mir einige Schlüsseldokumente und eine Zusammenfassung des Falls. Und da dachte ich, dass ich es meiner professionellen Integrität schuldig bin, mir das zumindest einmal anzuschauen.

Und dann?

Schnell wurde mir klar, dass hier etwas nicht stimmt. Dass es einen Widerspruch gibt, der sich mir mit meiner ganzen juristischen Erfahrung nicht erschliesst: Warum befindet sich ein Mensch neun Jahre lang in einer strafrechtlichen Voruntersuchung zu einer Vergewaltigung, ohne dass es je zur Anklage kommt?

Ist das aussergewöhnlich?

Ich habe noch nie einen vergleichbaren Fall gesehen. Jeder kann gegen jeden eine Voruntersuchung auslösen, indem er zur Polizei geht und die andere Person beschuldigt. Die schwedischen Behörden wiederum waren an der Aussage von Assange nie interessiert. Sie liessen ihn ganz gezielt ständig in der Schwebe. Stellen Sie sich vor, Sie werden neuneinhalb Jahre lang von einem ganzen Staatsapparat und von den Medien mit Vergewaltigungsvorwürfen konfrontiert, können sich aber nicht verteidigen, weil es gar nie zur Anklage kommt.

Sie sagen: Die schwedischen Behörden waren an der Aussage von Assange nicht interessiert. Medien und Behörden zeichneten in den vergangenen Jahren ein gegenteiliges Bild: Julian Assange sei vor der schwedischen Justiz geflüchtet, um sich der Verantwortung zu entziehen.

Das dachte ich auch immer, bis ich zu recherchieren begann. Das Gegenteil ist der Fall. Assange hat sich mehrfach bei den schwedischen Behörden gemeldet, weil er zu den Vorwürfen Stellung nehmen wollte. Die Behörden wiegelten ab.

Was heißt das: Die Behörden wiegelten ab?

Darf ich von vorn beginnen? Ich spreche fließend Schwedisch und konnte deshalb alle Originaldokumente lesen. Ich traute meinen Augen nicht: Nach Aussagen der betroffenen Frau selber hat es nie eine Vergewaltigung gegeben. Und nicht nur das: Die Aussage dieser Frau wurde im Nachhinein ohne ihre Mit-

wirkung von der Stockholmer Polizei umgeschrieben, um irgendwie einen Vergewaltigungsverdacht herbeibiegen zu können. Mir liegen die Dokumente alle vor, die Mails, die SMS.

„Die Aussage der Frau wurde von der Polizei umgeschrieben“ – wovon reden Sie?

Am 20. August 2010 betritt eine Frau namens S. W. in Begleitung einer zweiten Frau namens A. A. einen Polizeiposten in Stockholm. S. W. sagt, sie habe mit Julian Assange einvernehmlichen Geschlechtsverkehr gehabt. Allerdings ohne Kondom. Jetzt habe sie Angst, dass sie sich mit HIV infiziert haben könnte, und wolle wissen, ob sie Assange dazu verpflichten könne, einen HIV-Test zu machen. Sie sei in großer Sorge. Die Polizei schreibt ihre Aussage auf und informiert sofort die Staatsanwaltschaft. Noch bevor die Einvernahme überhaupt abgeschlossen werden kann, informiert man S. W. darüber, dass man Assange festnehmen werde wegen Verdachts auf Vergewaltigung. S. W. ist schockiert und weigert sich, die Befragung weiterzuführen. Noch aus der Polizeistation schreibt sie einer Freundin eine SMS und sagt, sie wolle Assange gar nicht beschuldigen, sondern wolle nur, dass er einen HIV-Test mache, aber die Polizei wolle ihn ganz offensichtlich „in die Finger kriegen“.

Was bedeutet das?

S. W. hat Julian Assange gar nicht der Vergewaltigung bezichtigt. Sie weigert sich, die Einvernahme weiterzuführen, und fährt nach Hause. Trotzdem erscheint zwei Stunden später im „Expressen“, einer schwedischen Boulevardzeitung, die Titel-Schlagzeile: Julian Assange werde der doppelten Vergewaltigung verdächtigt.

Der doppelten Vergewaltigung?

Ja, denn es gibt ja noch eine zweite Frau, A. A. Auch sie wollte keine Anzeige erstatten, sondern hat lediglich S. W. auf den Polizeiposten begleitet. Sie wurde an dem Tag noch gar nicht einvernommen. Später sagte sie dann aber, Assange habe sie sexuell belästigt. Ich kann natürlich nicht sagen, ob das wahr ist oder nicht. Ich beobachte einfach den Ablauf: Eine Frau betritt einen Polizeiposten. Sie will keine Anzeige machen, aber einen HIV-Test einfordern. Die Polizei kommt auf die Idee, dass dies eine Vergewaltigung sein könnte und erklärt die Sache zum Offizialdelikt. Die Frau weigert sich, das zu unterschreiben, geht nach Hause, schreibt einer Freundin, sie wolle das nicht, aber die Polizei wolle Assange „in die Finger kriegen“. Zwei Stunden später steht es in der Zeitung. Wie wir heute wissen, hat die Staatsanwaltschaft es der Presse gesteckt. Und zwar ohne Assange überhaupt zu einer Stellungnahme einzuladen. Und die zweite Frau, die laut Schlagzeile vom 20. August ebenfalls vergewaltigt worden sein soll, wurde erst am 21. August überhaupt einvernommen.

Was hat die zweite Frau später ausgesagt?

Sie sagte aus, sie habe Assange, der für eine Konferenz nach Schweden gekommen war, ihre Wohnung zur Verfügung gestellt. Eine kleine Einzimmerwohnung. Als Assange in der Wohnung ist, kommt sie früher als geplant nach Hause. Sie sagt, das sei kein Problem. Er könne mit ihr in ihrem Bett schlafen. In jener Nacht sei es zum einvernehmlichen Sex gekommen. Mit Kondom. Sie sagt aber, Assange habe während des Geschlechtsverkehrs das Kondom absichtlich kaputtgemacht. Wenn dem so ist, ist das natürlich ein Sexualdelikt, sogenanntes stealthing. Die Frau sagt aber auch: Sie habe erst im Nachhinein gemerkt, dass das Kondom kaputt ist. Das ist ein Widerspruch, der unbedingt hätte geklärt werden müssen: Wenn ich es nicht merke, kann ich nicht wissen, ob der andere es absichtlich getan hat. Auf dem als Beweismittel eingereichten Kondom konnte keine DNA von Assange oder A. A. nachgewiesen werden.

Woher kannten sich die beiden Frauen?

Sie kannten sich nicht wirklich. A. A., die Assange beherbergte und als seine Pressesekretärin fungierte, hatte S. W. an einem Anlass kennengelernt, an dem sie einen rosa Kaschmirpullover getragen hatte. Sie wusste offenbar von Assange, dass er auch mit S. W. ein sexuelles Abenteuer anstrebte. Denn eines Abends erhielt sie von einem Bekannten eine SMS: Assange wohne doch bei ihr, er möchte ihn gerne kontaktieren. A. A. antwortet ihm: Assange schlafe im Moment wohl gerade mit dem „Kashmir-Girl". Am nächsten Morgen telefoniert S. W. mit A. A. und sagt, sie habe tatsächlich ebenfalls mit Assange geschlafen und habe nun Angst, sich mit HIV infiziert zu haben. Diese Angst ist offenbar echt, denn S. W. hat sogar eine Klinik aufgesucht, um sich beraten zu lassen. Darauf schlägt ihr A. A. vor: Lass uns zur Polizei gehen, die können Assange zwingen, einen HIV-Test zu machen. Die beiden Frauen gehen allerdings nicht zur nächstgelegenen Polizeistation, sondern zu einer weit entfernten, wo eine Freundin von A. A. als Polizistin arbeitet, die dann auch noch gerade die Einvernahme macht; und zwar anfänglich in Anwesenheit ihrer Freundin A. A., was alles nicht korrekt ist. Bis hierhin könnte man allenfalls noch von mangelnder Professionalität sprechen. Die bewusste Böswilligkeit der Behörden wurde aber spätestens dann offensichtlich, als sie die sofortige Verbreitung des Vergewaltigungsverdachts über die Tabloidpresse forcierten, und zwar ohne Befragung von A. A. und im Widerspruch zu den Aussagen von S. W.; und auch im Widerspruch zum klaren Verbot im schwedischen Gesetz, die Namen von mutmasslichen Opfern oder Verdächtigen in einem Sexualstrafverfahren zu veröffentlichen. Jetzt wird die vorgesetzte Hauptstaatsanwältin auf den Fall aufmerksam und schliesst die Vergewaltigungsuntersuchung einige Tage später mit der Feststellung, die Aussagen von S. W. seien zwar glaubwürdig, doch gäben sie keinerlei Hinweise auf ein Delikt.

Aber dann ging die Sache erst richtig los. Warum?

Nun schreibt der Vorgesetzte der einvernehmenden Polizistin eine Mail: Sie solle die Aussage von S. W. umschreiben.

Was hat die Polizistin umgeschrieben?

Das weiss man nicht. Denn die erste Befragung wurde im Computerprogramm direkt überschrieben und existiert nicht mehr. Wir wissen nur, dass die ursprüngliche Aussage gemäss Hauptstaatsanwältin offenbar keinerlei Hinweise auf ein Delikt beinhaltete. In der revidierten Form steht, es sei zu mehrmaligem Geschlechtsverkehr gekommen. Einvernehmlich und mit Kondom. Aber am Morgen sei die Frau dann aufgewacht, weil er versucht habe, ohne Kondom in sie einzudringen. Sie fragt: „Trägst du ein Kondom?" Er sagt: „Nein." Da sagt sie: „You better not have HIV", und lässt ihn weitermachen. Diese Aussage wurde ohne Mitwirkung der betroffenen Frau redigiert und auch nicht von ihr unterschrieben. Es ist ein manipuliertes Beweismittel, aus dem die schwedischen Behörden dann eine Vergewaltigung konstruiert haben.

Warum sollten die schwedischen Behörden das tun?

Der zeitliche Kontext ist entscheidend: Ende Juli veröffentlicht Wikileaks in Zusammenarbeit mit der „New York Times", dem „Guardian" und dem „Spiegel" das sogenannte „Afghan War Diary". Es ist eines der größten Leaks in der Geschichte des US-Militärs. Die USA fordern ihre Alliierten umgehend dazu auf, Assange mit Strafverfahren zu überziehen. Wir kennen nicht die ganze Korrespondenz. Aber Stratfor, eine für die US-Regierung tätige Sicherheitsberatungsfirma, rät der amerikanischen Re-

gierung offenbar, Assange die nächsten 25 Jahre mit allen möglichen Strafverfahren zu überziehen.

Warum hat sich Assange damals nicht der Polizei gestellt?

Das hat er ja eben. Ich habe es bereits angetönt.

Dann führen Sie es jetzt bitte aus.

Assange erfährt aus der Presse von dem Vergewaltigungsvorwurf. Er nimmt Kontakt mit der Polizei auf, um Stellung nehmen zu können. Trotz des publizierten Skandals wird ihm dies erst neun Tage später zugestanden als der Vorwurf der Vergewaltigung von S. W. bereits wieder vom Tisch war. Das Verfahren wegen sexueller Belästigung von A. A. lief aber noch. Am 30. August 2010 erscheint Assange auf dem Polizeiposten, um auszusagen. Er wird von jenem Polizisten befragt, der in der Zwischenzeit die Anweisung gegeben hatte, die Aussage von S. W. umzuschreiben. Zu Beginn des Gesprächs sagt Assange, er sei bereit auszusagen. Er wolle aber den Inhalt nicht wieder in der Presse lesen. Dies ist sein Recht, und es wird ihm zugesichert. Am selben Abend steht wieder alles in der Zeitung. Das kann nur von Behörden gekommen sein, denn sonst war ja niemand beim Verhör anwesend. Es ging also offensichtlich darum, seinen Namen gezielt kaputtzumachen.

Wie ist diese Geschichte denn überhaupt entstanden, dass sich Assange der schwedischen Justiz entzogen habe?

Diese Darstellung wurde konstruiert, entspricht aber nicht den Tatsachen. Hätte er sich entzogen, wäre er nicht freiwillig auf dem Posten erschienen. Auf der Grundlage der umgeschriebenen Aussage von S. W. wird gegen die Einstellungsverfügung der Staatsanwältin Berufung eingelegt und am 2. September 2010 das Vergewaltigungsverfahren wieder aufgenommen. Den beiden Frauen wird auf Staatskosten ein Rechtsvertreter ernannt namens Claes Borgström. Der Mann war Kanzleipartner des vorherigen Justizministers Thomas Bodström, unter dessen Ägide die schwedische Sicherheitspolizei von den USA verdächtigte Menschen mitten in Stockholm ohne jedes Verfahren verschleppt und an die CIA übergeben hatte, welche diese Menschen dann folterte. Damit werden die transatlantischen Hintergründe der Angelegenheit deutlicher. Nach Wiederaufnahme der Vergewaltigungsvorwürfe lässt Assange wiederholt durch seinen Anwalt ausrichten, dass er dazu Stellung nehmen will. Die zuständige Staatsanwältin wiegelt ab. Mal passt es der Staatsanwältin nicht, mal ist der zuständige Polizist krank. Bis sein Anwalt drei Wochen später schreibt: Assange müsse nun wirklich zu einer Konferenz nach Berlin. Ob er das Land verlassen dürfe? Die Staatsanwaltschaft willigt schriftlich ein. Er dürfe Schweden für kurzfristige Abwesenheiten verlassen.

Und dann?

Der Punkt ist: An dem Tag, an dem Julian Assange Schweden verlässt, wo noch gar nicht klar ist, ob er kurzfristig geht oder langfristig, wird gegen ihn ein Haftbefehl erlassen. Er fliegt mit Scandinavian Airlines von Stockholm nach Berlin. Dabei verschwinden seine Laptops aus seinem eingecheckten Gepäck. Als er in Berlin ankommt, bittet die Lufthansa um Nachforschungen bei der SAS. Diese verweigert aber offenbar jede Auskunft.

Warum?

Das ist ja genau das Problem. Ständig passieren in diesem Fall Dinge, die eigentlich gar nicht möglich sind, ausser man ändert den Betrachtungswinkel. Assange reist nun jedenfalls nach London weiter, entzieht sich aber nicht der Justiz, sondern bietet der Staatsanwaltschaft über seinen schwedischen Anwalt mehrere Daten für eine Einvernahme in Schweden an – diese Korrespondenz gibt es. Dann geschieht Folgendes: Assange bekommt Wind davon, dass in den USA ein geheimes Strafverfahren gegen ihn eröffnet worden ist. Damals wurde das von den USA nicht bestätigt, aber heute wissen wir, dass es stimmt. Ab jetzt sagt sein Anwalt: Assange sei bereit, in Schweden auszusagen, aber er verlange eine diplomatische Zusicherung, dass Schweden ihn nicht an die USA weiterausliefere.

Wäre das überhaupt ein realistisches Szenario gewesen?

Absolut. Einige Jahre zuvor, wie ich schon erwähnte, hatte die schwedische Sicherheitspolizei zwei in Schweden registrierte Asylbewerber ohne jedes Verfahren der CIA übergeben. Bereits auf dem Flughafengelände in Stockholm wurden sie misshandelt, betäubt und dann nach Ägypten geflogen, wo sie gefoltert wurden. Wir wissen nicht, ob dies die einzigen Fälle waren. Aber wir kennen die Fälle, weil die Männer überlebt haben. Beide haben später bei UNO-Menschenrechtsmechanismen geklagt und gewonnen. Schweden musste jedem von ihnen eine halbe Million Dollar Entschädigung bezahlen.

Ist Schweden auf die Forderung von Assange eingegangen?

Die Anwälte sagen, sie hätten den schwedischen Behörden während der fast sieben Jahre, in denen Assange in der ecuadorianischen Botschaft lebte, über dreißig Mal angeboten, dass Assange nach Schweden komme – im Gegenzug für eine Zusicherung der Nichtauslieferung an die USA. Die Schweden weigerten sich mit dem Argument, es gebe ja gar kein Auslieferungsgesuch der USA.

Wie beurteilen Sie diese Forderung?

Solche diplomatischen Zusicherungen sind in der internationalen Praxis alltäglich. Man lässt sich zusichern, dass jemand nicht an ein Land weiterausgeliefert wird, wo die Gefahr schwerer Menschenrechtsverletzungen besteht, und zwar völlig unabhängig davon, ob bereits ein Auslieferungsgesuch des betreffenden Landes vorliegt oder nicht. Das ist ein politischer, kein rechtlicher Prozess. Ein Beispiel: Frankreich verlangt von der Schweiz die Auslieferung eines kasachischen Geschäfts-

mannes, der in der Schweiz lebt, aber sowohl von Frankreich wie auch von Kasachstan wegen Steuerbetrugs gesucht wird. Die Schweiz sieht keine Foltergefahr in Frankreich, wohl aber in Kasachstan. Darum teilt die Schweiz Frankreich mit: Wir liefern euch den Mann aus, wollen aber eine diplomatische Zusicherung, dass er nicht an Kasachstan weiterausgeliefert wird. Dann sagen die Franzosen nicht: „Kasachstan hat ja noch gar kein Gesuch gestellt!", sondern sie geben selbstverständlich die Zusicherung. Die Argumente der Schweden waren an den Haaren herbeigezogen. Das ist das eine. Das andere ist, und das sage ich Ihnen mit all meiner Erfahrung hinter den Kulissen der internationalen Praxis: Wenn eine solche diplomatische Zusicherung verweigert wird, dann sind alle Zweifel am guten Glauben des betreffenden Landes berechtigt. Warum sollten die Schweden das nicht garantieren können? Rechtlich gesehen haben die USA mit dem schwedischen Sexualstrafverfahren ja wirklich gar nichts zu tun.

Warum wollte Schweden diese Zusicherung nicht geben?

Man muss nur schauen, wie das Verfahren geführt wurde: Es ist Schweden nie um die Interessen der beiden Frauen gegangen. Assange wollte ja auch nach der Verweigerung einer sogenannten Nichtauslieferungszusicherung immer noch aussagen. Er sagte: Wenn ihr nicht garantieren könnt, dass ich nicht ausgeliefert werde, stehe ich euch in London oder über Videolink für Befragungen zur Verfügung.

Aber ist das normal oder rechtlich so einfach möglich, dass schwedische Beamte für eine solche Vernehmung extra in ein anderes Land reisen?

Das ist ein weiterer Beleg dafür, dass es Schweden nie um Wahrheitsfindung ging: Es gibt genau für solche Justizfragen ein Kooperationsabkommen zwischen Großbritannien und Schweden, welches vorsieht, dass für die Einvernahme von Personen schwedische Beamte nach England reisen oder umgekehrt. Oder dass man eine Vernehmung per Video macht. Das wurde in jenem Zeitraum zwischen Schweden und England in 44 anderen Verfahren so gemacht. Nur bei Julian Assange hat Schweden darauf bestanden, es sei essenziell, dass er persönlich erscheine.

Warum bestanden sie darauf?

Es gibt für all das, für das Verweigern einer diplomatischen Garantie, für die Weigerung, ihn in London einzuvernehmen, nur eine Erklärung: Man wollte ihn in die Finger kriegen, um ihn an die USA ausliefern zu können. Was sich in Schweden im Rahmen einer strafrechtlichen Voruntersuchung innert weniger Wochen an Rechtsbrüchen akkumuliert hat, ist absolut grotesk. Der Staat hat den beiden Frauen einen Rechtsvertreter bestellt, der ihnen erklärt hat, Vergewaltigung sei ein Offizialdelikt, sodass die strafrechtliche Interpretation ihrer Erfahrung Sache des Staates sei, nicht mehr ihre. Auf den Widerspruch zwischen den Aussagen der Frauen und der Version der Behörden an-

gesprochen, sagt deren Rechtsvertreter, die Frauen „seien halt keine Juristinnen". Doch die Staatsanwaltschaft vermeidet es fünf Jahre lang, Assange zu der ihm vorgeworfenen Vergewaltigung auch nur zu vernehmen, bis seine Anwälte letztlich an das höchste schwedische Gericht gelangen, um zu erzwingen, dass die Staatsanwaltschaft entweder endlich Anklage erhebt oder das Verfahren einstellt. Als die Schweden den Engländern mitteilen, dass sie das Verfahren möglicherweise einstellen müssten, schrieben die Briten besorgt zurück: „Don't you dare get cold feet!!", kriegt jetzt bloß keine kalten Füsse.

Wie bitte?

Ja, die Engländer, namentlich der Crown Prosecution Service, wollten die Schweden unbedingt davon abhalten, das Verfahren einzustellen. Dabei müssten die Engländer doch eigentlich froh sein, wenn sie nicht mehr für Millionen an Steuergeldern die Botschaft Ecuadors überwachen müssten, um Assanges Flucht zu verhindern.

Warum sind die Engländer daran interessiert, dass die Schweden das Verfahren nicht einstellen?

Wir müssen aufhören zu glauben, dass es hier wirklich darum gegangen ist, eine Untersuchung wegen Sexualdelikten zu führen. Was Wikileaks getan hat, bedroht die politischen Eliten in den USA, England, Frankreich und Russland gleichermaßen. Wikileaks veröffentlicht geheime staatliche Informationen – sie sind „Anti-Geheimhaltung". Und das wird in einer Welt, in der auch in sogenannten reifen Demokratien die Geheimhaltung überhandgenommen hat, als fundamentale Bedrohung wahrgenommen. Assange hat deutlich gemacht, dass es den Staaten heute nicht mehr um legitime Vertraulichkeit geht, sondern um die Unterdrückung wichtiger Informationen zu Korruption und Verbrechen. Nehmen wir den emblematischen Wikileaks-Fall aus den Leaks von Chelsea Manning: Das sogenannte „Collateral Murder"-Video. (Am 5. April 2010 veröffentlicht Wikileaks ein als geheim eingestuftes Video des US-Militärs, das zeigt, wie US-Soldaten in Bagdad mehrere Menschen ermorden, darunter zwei Mitarbeiter der Nachrichtenagentur Reuters.) *Als langjähriger IKRK-Rechtsberater und Delegierter in Kriegsgebieten kann ich Ihnen sagen: Es handelt sich dabei zweifellos um ein Kriegsverbrechen. Eine Helikoptercrew mäht Menschen nieder. Es mag sogar sein, dass einer oder zwei von diesen Leuten eine Waffe dabei hatten. Aber es wird ganz gezielt auf Verletzte geschossen. Das ist ein Kriegsverbrechen. „He is wounded", hört man einen Amerikaner sagen. „Im firing", und dann wird gelacht. Dann kommt ein Minibus angefahren, der die Verwundeten retten will. Der Fahrer hat zwei Kinder mit dabei. Man hört die Soldaten sagen: Selber schuld, wenn er Kinder auf das Schlachtfeld bringt. Und dann wird gefeuert. Der Vater und die Verwundeten sind sofort tot, die Kinder überleben schwer verletzt. Durch die Publikation werden wir direkte Zeugen eines kriminellen, gewissenlosen Massakers.*

Was sollte denn ein Rechtsstaat in einem solchen Fall machen?

Ein Rechtsstaat würde möglicherweise gegen Chelsea Manning ermitteln wegen Amtsgeheimnisverletzung, weil sie das Video an Assange weitergegeben hat. Er würde aber sicher nicht Assange verfolgen, denn dieser hat das Video im öffentlichen Interesse publiziert, im Sinne des klassischen investigativen Journalismus. Was ein Rechtsstaat aber vor allem tun würde ist, dass er die Kriegsverbrecher verfolgt und bestraft. Diese Soldaten gehören hinter Gitter. Es wurde aber gegen keinen einzigen von ihnen ein Strafverfahren durchgeführt. Stattdessen sitzt der Mann, der die Öffentlichkeit informiert hat, in London in Auslieferungshaft und könnte in den USA dafür 175 Jahre ins Gefängnis kommen. Das ist ein Strafmass, das vollkommen absurd ist. Als Vergleich: Die Hauptkriegsverbrecher im Jugoslawien-Tribunal haben Strafen von 45 Jahren bekommen. 175 Jahre Gefängnis unter Haftbedingungen, die vom UNO-Sonderberichterstatter und von Amnesty International als unmenschlich eingestuft werden. Das wirklich Erschreckende an diesem Fall ist der rechtsfreie Raum, der sich entwickelt hat: Mächtige können straflos über Leichen gehen, und aus Journalismus wird Spionage. Es wird ein Verbrechen, die Wahrheit zu sagen.

Was erwartet Assange, wenn er ausgeliefert wird?

Er wird kein rechtsstaatliches Verfahren bekommen. Auch deswegen darf er nicht ausgeliefert werden. Assange wird vor ein Geschworenengericht in Alexandria, Virginia, kommen. Vor den berüchtigten „Espionage Court“, wo die USA alle National-Security-Fälle führt. Der Ort ist kein Zufall, denn die Geschwo-

renen müssen jeweils proportional zur lokalen Bevölkerung ausgewählt werden, und in Alexandria arbeiten 85 Prozent der Einwohner bei der National-Security-Community, also bei der CIA, der NSA, dem Verteidigungsdepartement und dem Aussenministerium. Wenn Sie vor so einer Jury wegen Verletzung der nationalen Sicherheit angeklagt werden, dann ist das Urteil schon von Anfang an klar. Das Verfahren wird immer von derselben Einzelrichterin geführt, hinter geschlossenen Türen und aufgrund geheimer Beweismittel. Niemand wurde dort in einem solchen Fall jemals freigesprochen. Die meisten Angeklagten machen daher einen Deal, in dem sie sich zumindest teilweise schuldig bekennen und dafür eine mildere Strafe bekommen.

Sie sagen: Julian Assange wird in den USA kein rechtsstaatliches Verfahren bekommen?

Ohne Zweifel. Solange sich US-Staatsangestellte an die Befehle ihrer Vorgesetzten halten, können sie Aggressionskriege, Kriegsverbrechen und Folter begehen im Wissen, dass sie nicht verfolgt werden. Wo ist da die Lektion der Nürnberger Prozesse? Ich habe lange genug in Konfliktgebieten gearbeitet, um zu wissen, dass in Kriegen Fehler passieren. Das ist nicht immer gewissenlose Kriminalität, sondern vieles passiert aus Stress, Überlastung und Panik heraus. Deshalb kann ich es durchaus nachvollziehen, wenn Regierungen sagen: Wir bringen die Wahrheit zwar ans Licht, und wir übernehmen als Staat die Verantwortung für den angerichteten Schaden, aber wenn das individuelle Verschulden nicht allzu schwer wiegt, fällen wir keine drakonischen Strafen. Wenn die Wahrheit aber unterdrückt wird und Verbrecher nicht mehr zur Verantwortung gezogen werden, wird es extrem gefährlich. In den Dreißigerjahren des vergangenen Jahrhunderts traten Deutschland und Japan aus dem Völkerbund aus. Fünfzehn Jahre später lag die Welt in Trümmern. Heute sind die USA aus dem Menschenrechtsrat der UNO ausgetreten, und weder das „Collateral Murder"-Massaker, die CIA-Folterungen nach 9/11 oder der Aggressionskrieg gegen den Irak haben zu strafrechtlichen Untersuchungen geführt. Jetzt folgt Großbritannien diesem Beispiel: Dort hat das eigene Parlament, das Intelligence and Security Committee, 2018 zwei große Berichte veröffentlicht, die bewiesen, dass Großbritannien viel tiefer involviert war in die geheimen CIA-Folterprogramme als bisher angenommen. Das Komitee verlangte eine gerichtliche Untersuchung. Die erste Amtshandlung von Boris Johnson war, dass er diese Untersuchung annulliert hat.

Im April 2019 wurde Julian Assange von der englischen Polizei aus der ecuadorianischen Botschaft geschleppt. Wie beurteilen Sie dieses Vorgehen?

2017 bekommt Ecuador eine neue Regierung. Daraufhin schreibt der US-Kongress einen Brief: Es würde uns freuen, wenn die USA mit Ecuador kooperieren könnten. Es geht natürlich auch um viel Geld. Aber es gebe da ein Hindernis: Julian Assange. Man sei gewillt, zu kooperieren, wenn Ecuador Assange an die USA übergebe. Ab diesem Moment beginnt in der ecuadorianischen Botschaft der Druck auf Assange massiv zu wachsen.

Man macht ihm das Leben schwer. Aber er bleibt. Dann hebt Ecuador sein Asyl auf und gibt England grünes Licht für die Verhaftung. Da ihm die vorherige Regierung die ecuadorianische Staatsbürgerschaft verliehen hatte, musste Assange auch gleich noch der Pass entzogen werden, denn die Verfassung Ecuadors verbietet die Auslieferung eigener Staatsbürger. Das passiert alles über Nacht und ohne jedes rechtsstaatliche Verfahren. Assange hat keine Möglichkeit, Stellung zu nehmen oder Rechtsmittel zu ergreifen. Er wird von den Briten verhaftet und noch am gleichen Tag einem englischen Richter vorgeführt, der ihn wegen Kautionsverletzung verurteilt.

Dieses schnelle Aburteilen – wie beurteilen Sie das?

Assange hatte nur 15 Minuten Zeit, sich mit seinem Anwalt vorzubereiten. Das Verfahren selber dauerte ebenfalls 15 Minuten. Assanges Anwalt legte ein dickes Dossier auf den Tisch und erhob Einspruch wegen Befangenheit einer beteiligten Richterin, weil ihr Mann in 35 Fällen von WikiLeaks exponiert worden sei. Der Richter wischte die Bedenken ohne jede Prüfung vom Tisch. Seiner Kollegin einen Interessenkonflikt vorzuwerfen, sei ein Affront. Assange hatte während der Verhandlung nur einen Satz gesagt: „I plead not guilty." (auf Deutsch: Ich plädiere auf nicht schuldig.) Der Richter wandte sich ihm zu und sagte: „You are a narcissist who cannot get beyond his own self-interest. I convict you for bail violation." (auf Deutsch: Sie sind ein Narzisst, der nur an seine eigenen Interessen denkt. Ich verurteile Sie wegen Verletzung der Kautionsauflagen.)

Wenn ich Sie richtig verstehe: Julian Assange hatte von Anfang an gar nie eine Chance?

Das ist der Punkt. Ich sage nicht, Julian Assange sei ein Engel. Oder ein Held. Aber das muss er auch nicht sein. Denn wir sprechen von Menschenrechten und nicht von Engels- oder Heldenrechten. Assange ist ein Mensch, er hat das Recht, sich zu verteidigen und menschlich behandelt zu werden. Was auch immer man Assange vorwirft, er hat ein Recht auf ein faires Verfahren. Das hat man ihm konsequent verwehrt, und zwar sowohl in Schweden wie auch in den USA, in England und in Ecuador. Stattdessen ließ man ihn fast sieben Jahre in der Schwebe in einem Zimmer schmoren. Dann wird er unvermittelt rausgerissen und innert Stunden und ohne jede Vorbereitung wegen eines Kautionsverstoßes verurteilt, der darin bestand, dass er von einem anderen UNO-Mitgliedsstaat wegen politischer Verfolgung diplomatisches Asyl erhalten hatte, ganz so, wie es das Völkerrecht vorsieht und wie es unzählige chinesische, russische und andere Dissidenten in westlichen Botschaften gemacht haben. Es ist offensichtlich, dass es sich hier um einen politischen Verfolgungsprozeß handelt. Auch gibt es in England bei Verstößen gegen Kautionsauflagen kaum Haftstrafen, sondern im Regelfall nur Bußen. Assange hingegen wurde im Schnellverfahren zu 50 Wochen Haft in einem Hochsicherheitsgefängnis verurteilt – eine offensichtlich unverhältnismässige Strafe, die nur einen Zweck hatte: Assange so lange festzusetzen, bis die USA ihre Spionagevorwürfe in Ruhe vervollständigen konnten.

Wie beurteilen Sie als UNO-Sonderbeauftragter für Folter seine momentanen Haftbedingungen?

England verweigert Julian Assange den Kontakt zu seinen Anwälten in den USA, wo ein geheimes Verfahren gegen ihn läuft. Auch seine britische Anwältin beklagt sich, dass sie nicht einmal genügend Zugang zu ihm hat, um die Gerichtseingaben und Beweismittel mit ihm durchzugehen. Bis im Oktober durfte er kein einziges Dokument seiner Rechtsakten in seiner Zelle haben. Man hat ihm das Grundrecht verweigert, seine Verteidigung vorzubereiten, wie es die Europäische Menschenrechtskonvention verlangt. Hinzu kommt die fast vollständige Isolationshaft, die völlig unverhältnismässige Haftstrafe wegen Kautionsverstoßes. Sobald er die Zelle verließ, wurden die Korridore leer geräumt, um jeden Kontakt mit anderen Insassen zu vermeiden.

Derartige Bedingungen für einen simplen Kautionsverstoß: Wann wird Haft zu Folter?

Julian Assange wurde von Schweden, England, Ecuador und den USA gezielt psychologisch gefoltert. Zuerst mit der Art von zutiefst willkürlicher Prozessführung. Die Verfahrensführung von Schweden, mit aktiver Beihilfe durch England, war darauf ausgerichtet, ihn unter Druck zu setzen und in der Botschaft festzusetzen. Es ging Schweden nie darum, die Wahrheit herauszufinden und diesen Frauen zu helfen, sondern darum, Assange in eine Ecke zu drängen. Es handelt sich um den Missbrauch von Justizverfahren, um einen Menschen in eine Position zu bringen, in der er sich nicht wehren kann. Dazu kamen die Überwachungsmaßnahmen, die Beleidigungen, Erniedrigungen und Angriffe durch Politiker dieser Länder bis hin zu Todesdrohungen. Dieser konstante Missbrauch staatlicher Macht verursachte bei Assange enorme Stress- und Angstzustände und hat messbare kognitive und neurologische Schäden hinterlassen. Ich habe Assange im Mai 2019 in seiner Zelle in London besucht mit zwei erfahrenen, weltweit respektierten Ärzten, die auf die forensische und psychiatrische Untersuchung von Folteropfern spezialisiert sind. Die Diagnose der beiden Ärzte war eindeutig: Julian Assange zeigte die typischen Symptome psychologischer Folter. Wenn er nicht bald in Schutz genommen werde, sei mit einer rapiden Verschlechterung seines Gesundheitszustandes zu rechnen, bis hin zur Todesfolge.

Als er bereits ein halbes Jahr in England in Ausschaffungshaft sitzt, stellt Schweden das Verfahren gegen Assange im November 2019 plötzlich sehr leise ein. Nach neun langen Jahren. Was ist da passiert?

Fast ein Jahrzehnt lang hat der schwedische Staat Julian Assange ganz gezielt öffentlich als Sexualstraftäter an den Pranger gestellt. Dann stellt man das Verfahren plötzlich ein mit demselben Argument, das die erste Stockholmer Staatsanwältin 2010 bereits nach fünf Tagen geliefert hatte, als sie das Verfahren erstmals einstellte: Die Aussage der Frau sei zwar glaubwürdig, doch bestünden keine Beweise für eine Straftat. Es ist ein unfassbarer Skandal. Aber der Zeitpunkt war kein Zufall.

Am 11. November wurde ein offizielles Schreiben veröffentlicht, das ich zwei Monate zuvor an die schwedische Regierung übermittelt hatte. In diesem Schreiben forderte ich die schwedische Regierung auf, in rund 50 Punkten die Vereinbarkeit ihrer Verfahrensführung mit den Menschenrechten zu erklären: Wie ist es möglich, dass die Presse alles sofort erfährt, obwohl das verboten ist? Wie ist es möglich, dass ein Verdacht öffentlich wird, obwohl die Befragung noch gar nicht stattgefunden hat? Wie ist es möglich, dass ihr sagt, es handle sich um eine Vergewaltigung, wenn die betroffene Frau widerspricht? Am Tag der Veröffentlichung erhielt ich von Schweden eine karge Antwort: Die Regierung habe keine weiteren Bemerkungen zu dem Fall.

Was bedeutet diese Antwort?

Es ist ein Schuldeingeständnis.

Warum?

Als UNO-Sonderberichterstatter bin ich von den Staaten beauftragt, Individualbeschwerden von Folteropfern zu prüfen und die Regierungen gegebenenfalls um Erklärungen oder Untersuchungen zu bitten. Das ist meine tägliche Arbeit mit allen UNO-Mitgliedsstaaten. Aus Erfahrung kann ich sagen, dass Staaten, die im guten Glauben handeln, praktisch immer sehr interessiert sind, mir die gewünschten Antworten zu liefern, um die Rechtmässigkeit ihres Verhaltens zu betonen. Wenn ein Staat wie Schweden die Fragen des UNO-Sonderermittlers für Folter nicht beantworten will, dann ist sich die Regierung der Un-

rechtmässigkeit ihres Verhaltens bewusst. Dann will sie für ihr Handeln keine Verantwortung übernehmen. Weil sie wussten, dass ich nicht lockerlassen würde, haben sie eine Woche später die Reißleine gezogen und das Verfahren eingestellt. Wenn sich Staaten wie Schweden derart manipulieren lassen, dann sind unsere Demokratien und unsere Menschenrechte fundamental bedroht.

Sie sagen: Schweden hat dieses Spiel bewusst gespielt?

Ja. Aus meiner Sicht hat Schweden eindeutig im schlechtem Glauben gehandelt. Hätten sie im guten Glauben gehandelt, gäbe es keinen Grund, mir die Antworten zu verweigern. Dasselbe gilt für die Briten: Sie haben nach meinem Besuch bei Assange im Mai 2019 fünf Monate gebraucht, um mir zu antworten. In einem einseitigen Brief, der sich im Wesentlichen darauf beschränkte, jeden Foltervorwurf und jede Verfahrensverletzung zurückzuweisen. Für derartige Spielchen braucht es mein Mandat nicht. Ich bin der Sonderberichterstatter für Folter der Vereinten Nationen. Ich bin beauftragt, klare Fragen zu stellen und Antworten einzufordern. Was ist die Rechtsgrundlage dafür, jemandem das fundamentale Recht seiner eigenen Verteidigung zu verweigern? Warum wird ein ungefährlicher, nicht gewalttätiger Mann monatelang in Isolationshaft gehalten, wo doch die UNO-Standards jede Isolationshaft von mehr als 15 Tagen grundsätzlich verbieten? Keiner dieser UNO-Mitgliedsstaaten hat eine Untersuchung eingeleitet, meine Fragen beantwortet oder auch nur den Dialog gesucht.

Was bedeutet es, wenn UNO-Mitgliedsstaaten ihrem eigenen Folter-Sonderberichterstatter die Auskunft verweigern?

Dass es ein abgekartetes Spiel ist. Man möchte an Julian Assange mit einem Schauprozess ein Exempel statuieren. Es geht um die Einschüchterung anderer Journalisten. Einschüchterung ist im Übrigen einer der Hauptzwecke, für den Folter weltweit eingesetzt wird. Die Botschaft an uns alle ist: Das ist es, was mit euch passiert, wenn ihr das Modell WikiLeaks kopiert. Ein Modell, das so gefährlich ist, weil es so einfach ist: Menschen, die an brisante Informationen ihrer Regierungen oder Firmen gelangt sind, übermitteln diese an WikiLeaks, und der Whistleblower bleibt dabei anonym. Wie bedrohlich das empfunden wird, zeigt sich an der Reaktion: Vier demokratische Staaten schließen sich zusammen, USA, Ecuador, Schweden und Großbritannien, um mit ihrer geballten Macht aus einem Mann ein Monster zu machen, damit man ihn nachher auf dem Scheiterhaufen verbrennen kann, ohne dass jemand aufschreit. Der Fall ist ein Riesenskandal und die Bankrotterklärung der westlichen Rechtsstaatlichkeit. Wenn Julian Assange verurteilt wird, dann ist das ein Todesurteil für die Pressefreiheit.

Was bedeutet dieser mögliche Präzedenzfall für den Journalismus?

Konkret bedeutet das, dass Sie als Journalist sich jetzt wehren müssen. Denn wenn investigativer Journalismus einmal als

Spionage eingestuft wird und überall auf der Welt verfolgt werden kann, folgen Zensur und Tyrannei. Vor unseren Augen kreiert sich ein mörderisches System. Kriegsverbrechen und Folter werden nicht verfolgt. Youtube-Videos zirkulieren, auf denen amerikanische Soldaten damit prahlen, gefangene irakische Frauen mit routinemässiger Vergewaltigung in den Selbstmord getrieben zu haben. Niemand untersucht das. Gleichzeitig wird einer mit 175 Jahren Gefängnis bedroht, der solche Dinge aufdeckt. Er wird ein Jahrzehnt lang überzogen mit Anschuldigungen, die nicht nachgewiesen werden, die ihn kaputtmachen. Und niemand haftet dafür. Niemand übernimmt die Verantwortung. Es ist eine Erosion des Sozialvertrags. Wir übergeben den Staaten die Macht, delegieren diese an die Regierungen – aber dafür müssen sie uns Rede und Antwort stehen, wie sie diese Macht ausüben. Wenn wir das nicht verlangen, werden wir unsere Rechte über kurz oder lang verlieren. Menschen sind nicht von Natur aus demokratisch. Macht korrumpiert, wenn sie nicht überwacht wird. Korruption ist das Resultat, wenn wir nicht insistieren, dass die Macht überwacht wird.

Sie sagen: Der Angriff auf Assange bedroht die Pressefreiheit im Kern.

Schauen Sie, wo wir in 20 Jahren stehen werden, wenn Assange verurteilt wird. Was Sie dann als Journalist noch schreiben können. Ich bin überzeugt, dass wir in ernsthafter Gefahr sind, die Pressefreiheit zu verlieren. Es passiert ja schon: Plötzlich wird im Zusammenhang mit dem „Afghan War Diary“

das Hauptquartier von ABC News in Australien durchsucht. Der Grund? Wieder hat die Presse das Missverhalten von Staatsvertretern enthüllt. Damit die Gewaltenteilung funktioniert, braucht es eine Überwachung der Staatsgewalt durch eine freie Presse als die vierte Macht im Staat. WikiLeaks ist eine logische Konsequenz eines Prozesses: Wenn die Wahrheit nicht mehr aufgearbeitet werden kann, weil alles von Geheimhaltung überzogen ist, wenn Untersuchungsberichte zur Folterpolitik der US-Regierung geheimgehalten und selbst die veröffentlichte Zusammenfassung über weite Strecken geschwärzt wird, kommt es zwangsläufig irgendwann zu einem Leck. WikiLeaks ist die Folge wuchernder Geheimhaltung und widerspiegelt die mangelnde Transparenz unserer modernen Staatswesen. Sicher, es gibt enge Zonen, wo Vertraulichkeit durchaus wichtig sein kann. Aber wenn wir nicht mehr wissen, was unsere Regierungen tun und nach welchen Kriterien, und wenn Straftaten nicht mehr verfolgt werden, dann ist das für die gesellschaftliche Integrität unglaublich gefährlich.

Mit welchen Folgen?

Als UNO-Sonderberichterstatter für Folter und vorher als IKRK-Delegierter habe ich schon viel Schrecken und Gewalt gesehen. Wie schnell sich friedliche Länder wie Jugoslawien oder Ruanda in eine Hölle verwandeln können. An der Wurzel solcher Entwicklungen stehen immer Strukturen mangelnder Transparenz und unkontrollierter politischer oder wirtschaftlicher Macht, kombiniert mit der Naivität, Gleichgültigkeit und Mani-

pulierbarkeit der Bevölkerung. Plötzlich kann das, was heute immer nur den anderen passiert – ungesühnte Folter, Vergewaltigung, Vertreibung und Ermordung – ebenso gut auch uns oder unseren Kindern passieren. Und es wird kein Hahn danach krähen. Das kann ich Ihnen versichern.

Soweit das Interview, das man auf den ersten Blick möglicherweise als etwas zu ausführlich und zu detailliert in Bezug auf das Thema des vorliegenden Buches einstufen mag. Aber beim zweiten Hinsehen wird deutlich, dass der „Fall Assange" beispielhaft dafür steht, wie die Staatsmacht reagiert, wenn man ihren geheimen Datensammelwahn in der Öffentlichkeit vorführt, und zu welchen verwerflichen Mitteln sie greift, um dem einen Riegel vorzuschieben. Das Vorgehen der US-amerikanischen Behörden ist nicht nur als Rachefeldzug an Julian Assange zu verstehen, sondern vor allem auch als eine Warnung an potenzielle Nachahmer.

Das Schicksal von Julian Assange ist zweifelsohne schlimm. Seinem „Kollegen im Geiste", Edward Snowden, wäre sicherlich Ähnliches widerfahren, wenn er es nicht geschafft hätte, sich nach Russland zu retten.

Edward Snowden flieht nach Russland

Edward Joseph „Ed" Snowden, 1983 in den USA geboren, gab mit seinen Enthüllungen Einblicke in das Ausmaß der weltweiten Überwachungs- und Spionagepraktiken von Geheimdiensten – überwiegend jenen der Vereinigten Staaten und Großbritanniens. Diese lösten dann im Sommer 2013 die NSA-Affäre aus.

Snowden besuchte eine High School, bevor er von 1999 bis 2001 und von 2004 bis 2005 Informatikkurse belegte. Zwischen den beiden Kursen meldete er sich 2003 zur US Army, um im Irak-Krieg zu dienen; er war also durchaus ein Patriot. Während der zweiten Phase seines Studiums arbeitete er ab 2004 als Wachmann für eine NSA-Einrichtung; 2005 brach er sein Informatikstudium ab und wechselte zum Geheimdienst CIA, bei dem er im Bereich der IT-Sicherheit aufgrund seines Talents zügig aufstieg. 2007 entsandte ihn die CIA im Rahmen dieser Tätigkeit an die diplomatische Vertretung der USA in Genf. Wegen seiner Sicherheitseinstufung hatte er bereits zu dieser Zeit in großem Umfang Zugang zu geheimen Dokumenten und Informationen, die ihn misstrauisch machten. Er fiel auf, weil er Zugriff auf weitere geheime Dateien zu erlangen versuchte und wurde von der CIA in die USA zurückgeschickt. Darauf wechselte er 2009 zu der Beratungsfirma Booz Allen Hamilton, über die er als externer Mitarbeiter in einem NSA-Büro als Systemadministrator tätig war. Edward Snowden, der zu dieser Zeit ein komfortables Leben führte, hatte den Wechsel auf die Beraterseite augenscheinlich bereits mit der Absicht vorgenommen, die Überwachungsmaßnahmen der NSA aufzudecken. Zweifel an der Rechtmäßigkeit seiner Arbeit waren ihm nach eigenen Angaben bereits im Jahr 2007 gekommen.

Im Rahmen seiner Tätigkeit bei Booz Allen Hamilton hatte er bis Mai 2013 Zugriff auf jene geheimen Unterlagen, die er später kopiert und an die Presse weitergegeben hat. Dabei waren unter anderem Informationen über US-amerikanische Programme zur Überwachung der globalen Internetkommunikation sowie das noch umfassendere britische Überwachungsprogramm Tempora.

Edward Snowden übermittelte diese Informationen an die Filmemacherin Laura Poitras und an den Guardian-Journalisten Glenn Greenwald, der sie im Juni 2013 ohne Angabe einer Quelle in Teilen veröffentlichte. Am 9. Juni 2013 gab Snowden in Hongkong seine Identität gegenüber der Öffentlichkeit preis.[9]

Am 14. Juni 2013 erwirkte das FBI mit einer Strafanzeige unter anderem wegen Spionage einen Haftbefehl gegen ihn. Snowden konnte Hongkong verlassen, saß dann aber für längere Zeit im Transitbereich eines internationalen Flughafens in Moskau fest. Während seines dortigen Aufenthalts wurde auf diplomatischer Ebene über den Umgang mit ihm gestritten. Die USA forderten, wie konnte es anders sein, seine Auslieferung.[10] Am 1. August 2013 vermeldete die Presse, dass Snowden von Russland Asyl erhalten hat, wo er seitdem tatsächlich lebt.[11] Am 29. Oktober 2015 empfahl das Europäische Parlament den Mitgliedsstaaten, alle Vorwürfe gegen Snowden fallen zu lassen und ihm als Menschenrechtler Schutz zu gewähren.[12] Im Klartext: Die USA wollten Edward Snowden wegen Hochverrats habhaft werden, während ihn das Europäische Parlament als Menschenrechtsaktivisten einstufte. Viel deutlicher kann man kaum darstellen, wie ein- und derselbe Mensch für seine Taten als Schwerverbrecher oder Freiheitskämpfer angesehen wird – je nach Blickwinkel. Julian Assange blieb diese Solidarität der Staatengemeinschaft indes verwehrt, die Edward Snowden zuteil wurde. 2014 erhielt Snowden sogar den Ehrenpreis des *Right Livelihood Award* (auch *Alternativer Nobelpreis* genannt).[13] Er erschien allerdings nicht persönlich, um ihn entgegenzunehmen, weil er wohl zu Recht befürchtete, auf der Reise verhaftet und später an die USA ausgeliefert zu werden.[14] Im Jahr 2016 wurde er für den Friedensnobelpreis nominiert.[15]

An anderer Stelle in diesem Buch ist ein ausführliches Interview mit Edward Snowden veröffentlicht, in dem er seine Beweggründe erläutert, sein komfortables Leben in den USA aufzugeben, um die Welt wachzurütteln und vor einer globalen systematischen Überwachung zu warnen.

Der Wunsch „der Oberen", „die da unten" zu überwachen, ist nicht neu, sondern lässt sich bis auf einige Tausende Jahre vor Christi Geburt zurückverfolgen. Doch durch die allgegenwärtige Digitalisierung unserer Welt hat das Ausmaß der Überwachung eine Dimension angenommen, die das böse Wort vom Überwachungsstaat gerechtfertigt erscheinen lässt – wobei es keineswegs nur die Staaten sind, die Datensammelwut der Digitalwirtschaft ist mindestens ebenso groß.

Volkszählungen und Datenschützer

Ermittlungen von Bevölkerungszahlen lassen sich bereits um 2700 v. Chr. in Ägypten nachweisen. Auch den Zweck hat die Altertumsforschung zutage befördert: Es ging darum, Steuern einzutreiben. Der Wunsch der herrschenden Klasse, seine Untertanen zu kennen und daraus seinen Nutzen zu ziehen, ist also nicht – oder jedenfalls nicht nachweislich – so alt wie die Menschheit, aber immerhin bis zu den „Alten Ägyptern" zurückzuverfolgen. Anhand von Tonscherben lässt sich auch für die Zeit um 1700 v. Chr. eine lokale Volkszählung in Mesopotamien für militärische Zwecke belegen. Aus den früheren Epochen sind ferner Zählungen in China (2 n. Chr.) sowie in Persien und Griechenland bekannt. Bemerkenswert ist in Ägypten unter Amasis (569 v. Chr.) und in Israel unter König David (1000 v. Chr.) ein Dekret über die Erfassung der Einkommen. Man beschränkte sich dabei oft auf die Erfassung der waffenfähigen Männer. Mit anderen Worten: Für die frühen Herrscher ging es bei Volkszählungen entweder um Geld oder um die Kampfstärke der Bevölkerung.

Im Römischen Reich gab es seit dem 6. Jahrhundert v. Chr. alle fünf Jahre Volkszählungen und Erhebungen über die Einkünfte der römischen Bürger. Für den Zensus (Anmerkung: Der Fachbegriff für „Volkszählung") und die Steuerschätzungen war der Censor, ein altrömischer Beamter, verantwortlich. Er legte die Höhe der Steuer fest, die jeder Bürger zu zahlen hatte und war dem Senat verantwortlich. Die Censoren waren sehr einflussreich und genossen hohes Ansehen.

Im Mittelalter gab es in Europa nur wenige Volkszählungen; meist wurden die Feuerstellen registriert, doch waren die erhobenen Daten oft ungenau, sodass Angaben zur Bevölkerung in der Regel nur Hochrechnungen darstellten. Von Bedeutung bei der Erfassung der Bevölkerung waren kirchliche Aufzeichnungen der Pfarren, weil die Pastoren Bücher über die „Seelen" führen mussten.

Die ersten Datenschützer

Die ersten „Datenschützer" waren die Adeligen Europas. Der Adel wehrte sich übrigens stets gegen Aufstellungen seiner Leibeigenen, denn er betrachtete sie als eine reine Privatangelegenheit, im Besonderen, solange sie von der Besteuerung befreit waren. Aus diesem Grund wurden Leibeigene für gewöhnlich auch nicht statistisch erfasst.

Bemerkenswert ist eine Episode aus dem Jahre 1753: Damals lehnte das britische Parlament eine Volkszählung ab mit der Begründung, sie „würde Englands Feinden dessen Schwächen" bloßstellen. Ein Abgeordneter betonte im Parlament, er sei befremdet, „dass es menschliche Wesen gäbe, die so frech und schamlos seien", derartiges vorzuschlagen.[16]

Die erste Volkszählung in Deutschland

Die erste Volkszählung in Deutschland fand 1816 im Königreich Preußen statt. Zwischen 1834 und 1867 führte der Deutsche Zollverein regelmäßig alle drei Jahre Volkszählungen in den Mitgliedsländern durch.[17] Ermittelt wurde die sogenannte „Zollabrechnungsbevölkerung“. Zur Durchführung wurde ein Zeitpunkt gewählt, zu dem zu erwarten war, dass sich der größte Teil der Bevölkerung zu Hause aufhalten würde. Der Zollverein legte den 3. Dezember als Datum fest.

Nach dem Zweiten Weltkrieg wurden im Dezember 1945 in der sowjetischen Besatzungszone, im Januar 1946 in der französischen Besatzungszone und im Oktober 1946 in allen vier Besatzungszonen Deutschlands unter Verantwortung der Besatzungsmächte Volks- und Berufszählungen durchgeführt. Dies geschah insbesondere, um die Kriegsverluste und die zahlreichen Ströme von Flüchtlingen, Umsiedlern und Heimatvertriebenen zu erfassen. Nach Gründung der beiden deutschen Staaten im Jahre 1949 fanden jeweils mehrere Volkszählungen statt.[18]

Die in der Bundesrepublik Deutschland 1950 und 1987 durchgeführten Zählungen waren gleichzeitig Volks-, Berufs-, Gebäude-, Wohnungs- und Arbeitsstättenzählungen. Die Zählungen von 1961 und 1970 erfolgten als Volks-, Berufs- und Arbeitsstättenzählungen. Während der Gebäude- und Wohnungszählung von 1956 wurde auch die Wohnbevölkerung in der Bundesrepublik gezählt („kleine Volkszählung"). Die Veröffentlichung der Daten aller Zählungen in der Bundesrepublik Deutschland, ab 1994 auch der Ergebnisse der Volkszählungen in der DDR, erfolgte durch das Statistische Bundesamt.[19]

Volkszählung 1987: Widerstand regt sich

Die 1987 durchgeführte Volkszählung in der Bundesrepublik Deutschland war vom Bund ursprünglich bereits für das Jahr 1981 geplant gewesen. Sie war in den Augen der Bundesbehörden neben anderen Gründen notwendig geworden, um die Infrastruktur einem veränderten sozialen Gefüge anzupassen und entsprechend neue Maßnahmen einzuleiten. Dies galt für Verkehrsplanung ebenso wie beispielsweise für die soziale Versorgung.

Die Verzögerung um sechs Jahre hatte einen für unser Thema bemerkenswerten Hintergrund: Es gab Widerstand in der Bevölkerung.[20] Man könnte von Boykott sprechen, angestachelt von einem breiten Bündnis verschiedener sozialer und politischer Gruppen und vom „Koordinierungsbüro gegen den Überwachungsstaat" im Bonner Büro der Jungdemokraten, der ehemaligen Jugendorganisation der FDP, organisiert. Auch die Partei „Die Grünen", zu der Zeit seit etwa vier Jahren im Bundestag vertreten, gehörte zu den Kritikern der Volkszählung und sie beteiligte sich mit vielen ihrer Mitglieder an der Kampagne. „Boykott-Ratgeber" waren damals groß in Mode. Vom Büchlein „Was Sie gegen Mikrozensus und Volkszählung tun können“ für 5 Mark wurden in nicht einmal vier Monaten eine viertel Million Exemplare ausgeliefert; jede Woche ließ der *Frankfurter Verlag Zweitausendeins* 2.000 Bücher nachdrucken. Der Verlagsgeschäftsführer Lutz Kroth analysierte damals: „Das Thema berührt die Menschen offenbar ganz intim und ganz privat.“[21] Einen vergleichbar reißenden Absatz erlebte der Verlag zuvor nur bei dem 1980 erschienenen Umwelt-Report „Global 2000“, der die Zerstörung der Umwelt als Lebensgrundlage für die Menschen thematisierte. Das staatliche Ausspionieren der eigenen Privatsphäre lag also gleichauf mit der Vernichtung der Erde – bemerkenswert!

Die Regierung hatte den möglichen Widerstand offenbar vorausgesehen und drohte im Gesetz mit einer Höchststrafe von 10.000 Mark als Bußgeld für Verweigerer, die den Zählungsfragebogen nicht oder nicht wahrheitsgemäß ausfüllten. Abgefragt wurden mit insgesamt 18 Fragen das Geburtsjahr, das Geschlecht, der Familienstand, die religiöse Zugehörigkeit, die Staatsangehörigkeit, die Wohnungsnutzung, die Erwerbstätigkeit, das Bildungsniveau und die Nutzung von Verkehrsmitteln. In unserer heutigen Zeit lässt sich aus beinahe jedem Facebook-Profil mehr herauslesen als der damalige Fragebogen erfasste. Dennoch war der Boykott damals durchaus erfolgreich. So ändern sich allem Anschein nach die Zeiten.

In Folge der Proteste gegen die Volkszählung formulierte das Bundesverfassungsgericht in einem historisch bedeutsamen Volkszählungsurteil vom 15. Dezember 1983 zum ersten Mal das Grundrecht auf informationelle Selbstbestimmung, das sich aus der Menschenwürde des Artikels 1 des Grundgesetzes (GG) und dem Recht auf freie Entfaltung der Persönlichkeit nach Artikel 2 Absatz 1 GG ableitet.[22] Daher musste die Befragung teilweise neu konzipiert werden, indem personenbezogene Angaben von den Fragebögen getrennt und die Fragebögen überarbeitet wurden, um die Anonymität der Befragten besser zu gewährleisten.

Adel, FDP, Grüne und das Bundesverfassungsgericht

Halten wir fest: Erst waren es der europäische Adel, dann eine Boykottgruppe um FDP und Grüne und schließlich das Bundesverfassungsgericht der Bundesrepublik Deutschland, die sich – sicherlich aus unterschiedlichen Motiven – gegen die Erfassung privater Daten wehrten. Das Verlangen nach privaten Daten ging hingegen seit Jahrtausenden von der herrschenden Klasse, also vom Staat, aus. Mehr über seine Bürger – früher Untertanen – zu wissen, war stets ein konkretes Anliegen der staatlichen Autorität.

Ob Adel, FDP, Grüne oder Bundesverfassungsgericht – die Datensammelwut der heutigen Staaten und mindestens ebenso stark der Digitalwirtschaft müssten diese Damen und Herren zur Weißglut treiben. Heute leben wir in einer Welt der Perfektionierung der digitalen Volkszählung im Sekundentakt. Es wäre etwa so, als wenn wir im Jahre 1987 per Gesetz gezwungen worden wären, ständig beim Statistischen Bundesamt anzurufen, wenn wir unsere eigenen vier Wände verlassen, um mitzuteilen, wohin wir gehen, wen wir treffen, was wir einkaufen, welche Gedanken und Gefühle wir haben, und was wir demnächst vorhaben. Nun, der Gesetzgeber hat uns nicht dazu gezwungen, sondern wir halten heutzutage freiwillig Google, Facebook, die Deutsche Telekom, Vodafone, Payback, Amazon und Gott allein weiß wen noch alles auf dem Laufenden über unser Leben. Hätten der Adel, die FDP, die Grünen und das Bundesverfassungsgericht es längst aufgegeben, uns vor uns selbst zu schützen, wir könnten es ihnen wohl nicht verdenken.

Ausspähen ist strafbar

Das Ausspähen von Daten ist ausweislich Paragraf 202a des deutschen Strafgesetzbuches ein Vergehen, das mit Freiheitsentzug bis zu drei Jahren oder Geldbuße bestraft wird.[23] Das Gesetz schützt die sogenannte Verfügungsbefugnis über Daten, es dient der Abwehr des „elektronischen Hausfriedensbruchs".

Im Mittelpunkt geht es dabei um das Beschaffen von Daten, völlig gleichgültig, ob diese privat oder geschäftlich erhoben werden und gleichgültig, ob diese wichtig oder weniger relevant sind, ob ein Schaden entsteht oder nicht. Laut dem neuesten Wortlaut genügt nach Einschätzung der meisten Juristen bereits der Zugang zu diesen Daten; überdies will der Gesetzgeber künftig diesbezüglich mehr Klarheit schaffen.

Indes steht zu befürchten, dass unabhängig von der Gesetzeslage wir alle mehr oder minder rund um die Uhr abgehört, belauscht, gefilmt werden, und zwar vom Staat genauso wie von der Wirtschaft. Genau genommen bilden Digitalwirtschaft und Regierungen eine unheilige Allianz der Datenschnüffelei, die nur ein Ziel verfolgt: den gläsernen Kunden bzw. Bürger.

George Orwells Horrorvision 1984 schreitet mit großen Schritten seiner Realisierung entgegen, Erich Mielke, Hauptverantwortlicher für den Aufbau des flächendeckenden Kontroll-, Überwachungs- und Unterdrückungssystems in der DDR und Leiter des dortigen Ministeriums für Staatssicherheit (Stasi), hätte mutmaßlich seine wahre Freude daran. Der Stasi-Minister setzte damals vor allem auf menschliche Spione, die sogenannten „Informellen Mitarbeiter“ oder IM.[24] Bis zu zwei Millionen der insgesamt neun Millionen DDR-Bürger im erwerbsfähigen Alter sollen in den 1980er Jahren im weiteren Sinne in das staatliche Sicherheitsnetz von SED-Chef Erich Honecker und Stasi-Minister Erich Mielke eingebunden gewesen sein. Heute ist diese Art von Stasi-Spitzel überflüssig, die moderne Digitaltechnik besorgt die Bespitzelung besser als jeder Mensch: Die Stasi 2.0 verfügt heute schon über Milliarden von Mikrofonen, Videokameras, Sensoren und sonstige Überwachungseinheiten überall auf der Welt und wird von einer immer ausgereifteren Künstlichen Intelligenz geführt, die nur ein Ziel verfolgt: uns alle immer gläserner zu machen.

Datenschutz – was ist das?

Der Begriff „Datenschutz“ entstand in der zweiten Hälfte des 20. Jahrhunderts. Ein interessanter Aspekt dabei ist, dass er bis heute nicht einheitlich verstanden wird. Ob diese schwammige Auslegung dieses Begriffes so gewollt ist oder nicht, bleibt an dieser Stelle reine Spekulation. Der Schutz des Rechts auf informationelle Selbstbestimmung, der Schutz vor missbräuchlicher Datenverarbeitung, der Schutz des Persönlichkeitsrechts und der Schutz der Privatsphäre gehören dabei zu den gängigen Interpretationen. Die dahinterstehende Forderung ist hingegen klar: Datenschutz steht für die Idee, dass jeder Mensch grundsätzlich selbst entscheiden kann, wem wann welche seiner persönlichen Daten zugänglich sein sollen. Genau diese Idee wird indes jeden Tag millionenfach missachtet, verhöhnt und mit Füßen getreten – und die meisten von uns merken es nicht einmal oder es kümmert uns erst gar nicht. Das wird angesichts der unaufhaltsamen rasanten Digitalisierung unserer Welt fatale Folgen nach sich ziehen.

Widerstand gegen John F. Kennedy

Ausgangspunkt der weltweiten Debatte über Datenschutz waren die Pläne der US-Regierung unter Präsident John F. Kennedy, Anfang der 1960er Jahre ein nationales Datenzentrum zur Verbesserung des staatlichen Informationswesens einzurichten.[25] Das war damals in den USA durchaus dringend notwendig, denn bis heute existiert in den USA kein flächendeckendes Meldewesen. Vor diesem Hintergrund wollte Kennedy erstmals die Daten ausnahmslos aller US-Bürger in einem neuen Datenzentrum erfassen. Die Pläne wurde allerdings in den nachfolgenden politischen Diskussionen als Verstoß gegen das verfassungsrechtlich postulierte „Right to be alone" betrachtet, also das „Recht auf Einsamkeit". Eine erhebliche Rolle spielte damals schon das im Jahre 1890 von Samuel D. Warren und dem späteren Bundesrichter Louis D. Brandeis entwickelte „Right to Privacy", nach dem jedem Menschen das Recht zusteht, selbst zu bestimmen, inwieweit seine „Gedanken, Meinungen und Gefühle" anderen mitgeteilt werden sollen.[26] Das Vorhaben scheiterte im Kongress, woraufhin die Forderung nach einer gesetzlichen Grundlage für die Verarbeitung personenbezogener Daten in den USA aufkam. Erst 1974 wurde der Privacy Act verabschiedet, der Regeln für die Bundesbehörden für den Umgang mit personenbezogenen Daten einführte und bereits die Grundprinzipien des Datenschutzes enthielt: Erforderlichkeit, Sicherheit und Transparenz. Allerdings galt das neue Gesetz nur für Bundesbehörden, nicht etwa für Unternehmen in den USA.[27]

Die amerikanische Debatte wurde in Europa verfolgt und Ende der 1960er Jahre suchte die deutsche Politik nach einem passenden Begriff. Dabei sollte die direkte Übersetzung des Wortes „Privacy" – allgemeines Persönlichkeitsrecht – vermieden werden. Erstens wegen der kontroversen Diskussionen, die seit dem 19. Jahrhundert darüber geführt wurde, und zweitens wegen seiner Sperrigkeit. In Anlehnung an den Begriff „Maschinenschutz“ (Gesetzgebung zur Sicherheit von Arbeitsgerät) wurde das Wort „Datenschutz“ ersonnen. Es wurde zunächst scharf kritisiert, weil schließlich nicht die Daten geschützt werden sollen, sondern die Menschen, setzte sich aber dennoch durch und ist inzwischen international gebräuchlich (Data Protection).

Das erste Datenschutzgesetz 1970

Im Jahre 1970 verabschiedete das Bundesland Hessen das weltweit erste Datenschutzgesetz. 1977 folgte das Bundesdatenschutzgesetz (BDSG).[28] Bis 1981 hatten alle Bundesländer eigene Landesdatenschutzgesetze. Im Zusammenhang mit der Volkszählung wurde 1983 mit der Prägung des informellen Selbstbestimmungsrechts ein Meilenstein gelegt, also dem Recht des Einzelnen, grundsätzlich selbst über die Preisgabe und Verwendung seiner persönlichen Daten zu bestimmen. 1995 wurde die Europäische Datenschutzrichtlinie 1995/46/EG verabschiedet. Am 25. Mai 2018 trat die Datenschutz-Grundverordnung (DSGVO) in Kraft.[29]

Allen Paragrafen zum Trotz werden heute jeden Tag mehr personenbezogene Daten rund um den Globus gesammelt, erfasst, verarbeitet, analysiert und zu Werbe- und Vertriebszwecken verwendet, als jemals zuvor. Das hat zahlreiche Gründe. Einer der wesentlichen Ursachen für diese Entwicklung liegt darin, dass der Schutz der Privatsphäre in der US-Wirtschaft bis heute keine große Rolle spielt – und damit auch bei den US-amerikanischen Digitalgiganten. Aktuell (Stand: 2022) ist der Datenschutz in den USA kaum durch gesetzliche Vorschriften geregelt. Das Hauptargument dagegen findet sich im ersten Zusatzartikel zur Verfassung der Vereinigten Staaten (First Amendment) zur Meinungsfreiheit. Zudem könnte man darauf verweisen, dass in vielen Staaten der Welt der Datenschutz als Instrument zur Unterdrückung der Meinungsfreiheit eingesetzt wird. Zwar hat der Oberste Gerichtshof der Vereinigten Staaten 1965 im Fall „Grisworld gegen Connecticut" entschieden[30], dass dem Einzelnen sehr wohl ein Recht auf Privatsphäre zusteht, allerdings erkennen bis heute nur sehr wenige US-Bundesstaaten dieses Recht an. Als eine der wenigen Ausnahmen gilt Kalifornien, wo das Recht auf Privatsphäre gesetzlich ausdrücklich festgelegt ist. Befinden sich nicht die Zentralen der meisten Digitalkonzerne, wie etwa Google oder Meta/Facebook, in Kalifornien und müssten daher unter diese Gesetzgebung fallen? Das trifft zwar zu, jedoch ist diese Gesetzgebung aus europäischer Sicht nahe an der Lächerlichkeit. So verpflichtet der California Online Privacy Protection Act (OPPA) die Betreiber kommerzieller Internetseiten und Onlinedienste, die über ihre Webseiten personenbezogene Informationen über Bürger aus Kalifornien sammeln, auf diesen Seiten einen auffälligen Hinweis über den Umgang mit diesen Daten zu platzieren.[31] Wie die Firmen mit den personenbezogenen Daten umzugehen haben, beschreibt das Gesetz nicht, es bleibt den Unternehmen frei überlassen. Das Gesetz regelt einzig und allein, dass ein deutlicher Hinweis auf die selbstgesetzten Datenschutzrichtlinien platziert werden muss. Viel deutlicher kann man den Grundgedanken des Datenschutzes kaum mit Füßen treten. Google & Co halten sich natürlich an diese Vorgaben und nehmen sie zugleich als Masterplan für ihre Vorstellungen von Datenschutz für die ganze Welt.

Grundrecht auf eigene Persönlichkeit

Das Recht auf die Entfaltung der eigenen Persönlichkeit (Persönlichkeitsrecht) wird als ein Grundrecht angesehen, also als ein von der Verfassung geschütztes Recht. Es sieht den Schutz der Persönlichkeit einer Person vor Eingriffen in ihren Lebens- und Freiheitsbereich dar. Außerdem definiert es zugleich die Basis für die Annahme eines Rechtes auf Privatsphäre. Die Allgemeine Erklärung der Menschenrechte der Vereinten Nationen umfasst neben mehreren grundlegenden Schutzartikeln einen eigenen Artikel zur Bewahrung des Privatlebens.

Allgemeine Erklärung der Menschenrechte

In der UNO-Resolution 217 A (III) der Generalversammlung vom 10. Dezember 1948 zur allgemeinen Erklärung der Menschenrechte heißt es wie folgt:[32]

Resolution 217 A (III) der Generalversammlung vom 10. Dezember 1948

Präambel

Da die Anerkennung der angeborenen Würde und dergleichen und unveräußerlichen Rechte aller Mitglieder der Gemeinschaft der Menschen die Grundlage von Freiheit, Gerechtigkeit und

Frieden in der Welt bildet, da die Nichtanerkennung und Verachtung der Menschenrechte zu Akten der Barbarei geführt haben, die das Gewissen der Menschheit mit Empörung erfüllen, und da verkündet worden ist, dass einer Welt, in der die Menschen Rede- und Glaubensfreiheit und Freiheit von Furcht und Not genießen, das höchste Streben des Menschen gilt, da es notwendig ist, die Menschenrechte durch die Herrschaft des Rechtes zu schützen, damit der Mensch nicht gezwungen wird, als letztes Mittel zum Aufstand gegen Tyrannei und Unterdrückung zu greifen,

– *da es notwendig ist, die Entwicklung freundschaftlicher Beziehungen zwischen den Nationen zu fördern,*

– *da die Völker der Vereinten Nationen in der Charta ihren Glauben an die grundlegenden Menschenrechte, an die Würde und den Wert der menschlichen Person und an die Gleichberechtigung von Mann und Frau erneut bekräftigt und beschlossen haben, den sozialen Fortschritt und bessere Lebensbedingungen in größerer Freiheit zu fördern,*

– *da die Mitgliedstaaten sich verpflichtet haben, in Zusammenarbeit mit den Vereinten Nationen auf die allgemeine Achtung und Einhaltung der Menschenrechte und Grundfreiheiten hinzuwirken,*

– *da ein gemeinsames Verständnis dieser Rechte und Freiheiten von größter Wichtigkeit für die volle Erfüllung dieser Verpflichtung ist, verkündet die Generalversammlung diese allgemeine Erklärung der Menschenrechte als das von allen Völkern und Nationen zu erreichende gemeinsame Ideal, damit jeder einzelne und alle Organe der Gesellschaft sich diese Erklärung stets gegenwärtig halten und sich bemühen, durch Unterricht und Erziehung die Achtung vor diesen Rechten und Freiheiten zu fördern und durch fortschreitende nationale und internationale Maßnahmen ihre allgemeine und tatsächliche Anerkennung und Einhaltung durch die Bevölkerung der Mitgliedstaaten selbst wie auch durch die Bevölkerung der ihrer Hoheitsgewalt unterstehenden Gebiete zu gewährleisten.*

Artikel 1

Alle Menschen sind frei und gleich an Würde und Rechten geboren. Sie sind mit Vernunft und Gewissen begabt und sollen einander im Geiste der Brüderlichkeit begegnen.

Artikel 2

Jeder hat Anspruch auf alle in dieser Erklärung verkündeten Rechte und Freiheiten, ohne irgendeinen Unterschied, etwa nach Rasse, Hautfarbe, Geschlecht, Sprache, Religion, politischer oder sonstiger Anschauung, nationaler oder sozialer Herkunft, Vermögen, Geburt oder sonstigem Stand.

Des Weiteren darf kein Unterschied gemacht werden aufgrund der politischen, rechtlichen oder internationalen Stellung des Landes oder Gebietes, dem eine Person angehört, gleichgültig ob dieses unabhängig ist, unter Treuhandschaft steht, keine Selbstregierung besitzt oder sonst in seiner Souveränität eingeschränkt ist.

Artikel 3

Jeder hat das Recht auf Leben, Freiheit und Sicherheit der Person."

...

Artikel 12: Niemand darf willkürlichen Eingriffen in sein Privatleben, seine Familie, seine Wohnung und seinen Schriftverkehr ... ausgesetzt werden. Jeder hat Anspruch auf rechtlichen Schutz gegen solche Eingriffe oder Beeinträchtigungen."

Die Europäische Menschenrechtskonvention des Europarats, die 1953 in Kraft trat, stellt hierzu fest, es hat „jedermann ... Anspruch auf Achtung seines Privat- und Familienlebens, seiner Wohnung und seines Briefverkehrs". Dieser Satz ist noch heute gültig und steht in Deutschland einem Bundesgesetz gleich.[33]

Das Grundgesetz der Bundesrepublik Deutschland

Im Grundgesetz (GG) der Bundesrepublik Deutschland hingegen kommen Begriffe wie Privatleben oder Persönlichkeitsrecht kein einziges Mal vor. Genauer gesagt: Im deutschen Recht ist das Persönlichkeitsrecht als solches nicht ausdrücklich geregelt.

Lediglich Teilgebiete, wie die Achtung der Ehre, das Namensrecht und das Recht am eigenen Bild, sind gesetzlich geschützt.

Aus der Erkenntnis heraus, dass hier eine eklatante Rechtslücke besteht, wurde seit den 1950er Jahren in richterlicher Rechtsfortbildung – also durch eine übereinstimmende und ständige Rechtsprechung – ein allgemeines Persönlichkeitsrecht (APR) aus Artikel 1 GG (freie Entfaltung der Persönlichkeit) in Verbindung mit Artikel 1 GG (Menschenwürde) abgeleitet. Es gibt eine Fülle von Urteilen zu diesem Thema und heute gilt das APR als Gewohnheitsrecht.

Insbesondere erkannte das Bundesverfassungsgericht in einem Grundsatzurteil vom 5. Juni 1973 das Persönlichkeitsrecht als verfassungsrechtlich gewährleistetes Grundrecht an.[34] Wörtlich und durchaus weitsichtig formuliert sieht es das Bundesverfassungsgericht als die Aufgabe des allgemeinen Persönlichkeitsrechts an, „im Sinne des obersten Konstitutionsprinzips der Würde des Menschen (Art. 1 Abs. 1 GG) die engere persönliche Lebenssphäre und die Erhaltung ihrer Grundbedingungen zu gewährleisten, die sich durch die traditionellen konkreten Freiheitsgarantien nicht abschließend erfassen lassen; diese Notwendigkeit besteht auch im Blick auf moderne Entwicklungen und die mit ihnen verbundenen neuen Gefährdungen für den Schutz der menschlichen Persönlichkeit."

Fazit: Das Grundgesetz kennt kein Persönlichkeitsrecht, das Bundesverfassungsgericht hingegen schon.

Grundrecht auf informationelle Selbstbestimmung

Ebenso weitsichtig zeigte sich das Bundesverfassungsgericht in einem Urteil vom 15. Dezember 1983, in dem es ein Grundrecht auf informationelle Selbstbestimmung postulierte.[35] Das Gericht begründete sein Urteil mit der Gefährdung der freiheitlichen Grundordnung durch vom Betroffenen unbeherrschte Datensammlungen unter den Bedingungen moderner Informationstechnik.

Insbesondere weist das Gericht auf die Gefahr des Panoptismus hin. Dieser wenig geläufige Begriff, der Mitte des letzten Jahrhunderts von dem französischen Philosophen Michel Foucault eingeführt wurde, bezeichnet das Phänomen, dass eine Gesellschaft durch Überwachungs- und Kontrollmechanismen immer gleichförmiger wird. Fourcault spricht von einer sozialen Konformität des Individuums. Michel Foucault schreibt: „Derjenige, welcher der Sichtbarkeit unterworfen wird und dies weiß, übernimmt die Zwangsmittel der Macht und spielt sie gegen sich selbst aus; er internalisiert das Machtverhältnis, in welchem er gleichzeitig beide Rollen spielt; er wird zum Prinzip seiner eigenen Unterwerfung.“[36]

Panoptimus: Ein Leben im eigenen Gefängnis

Bezeichnenderweise prägt er den Begriff „Panoptimus“ (übrigens angelehnt an den architektonischen Entwurf eines perfekten Gefängnisses, des „Panopticon“, des englischen Philosophen

Jeremy Bentham) lange vor der allgegenwärtigen Video- und Digitalüberwachung der heutigen Zeit. Fourcault stellt das Phänomen der zunehmenden Gleichförmigkeit der Gesellschaft seit dem 18. Jahrhundert fest. Schule, Militärdienst und eine durch den aufkommenden Kapitalismus geförderte Anpassung des Einzelnen an eine vorgegebene Arbeitsumgebung führen zu einer Vereinheitlichung der Gesellschaft, in der die Anpassung an die Normen wichtiger wird als die eigene Individualität.

Dabei reicht es offenbar, wenn wir damit rechnen müssen, beobachtet und bewertet zu werden, unabhängig davon, ob uns tatsächlich jemand zusieht oder ein Video von uns angefertigt wird. Schon die potenzielle Beobachtung führt dazu, dass die meisten Menschen ihr Verhalten an die normativen Erwartungen anpassen. Über einen längeren Zeitraum hinweg kommt es dadurch zu einer Verinnerlichung der erwarteten Normen. Derjenige, der die Normen aufstellt – egal, ob Staat oder Unternehmen –, muss also in der Regel gar keinen Zwang mehr ausüben, damit die Normen eingehalten werden. Wir verinnerlichen die Regeln, wenn man sie uns nur lange genug vorgibt und wir uns der Gefahr bewusst sind, dass wir möglicherweise ständig überwacht werden, und halten uns dann „von ganz allein" an diese Normen.

Daraus leitete das Bundesverfassungsgericht für sein Urteil zum Grundrecht auf informationelle Selbststimmung ab. „Wer nicht weiß oder beeinflussen kann, welche Informationen über sein Verhalten gespeichert werden, passt sein Verhalten aus

Vorsicht an. Das beeinträchtigt nicht nur die individuelle Handlungsfreiheit, sondern auch das Gemeinwohl, da ein freiheitlich demokratisches Gemeinwesen der selbstbestimmten Mitwirkung der Bürgerschaft bedarf", urteilten die Richter am höchsten deutschen Gericht.

Die zentrale Stelle lautet im Wortlaut: „Mit dem Recht auf informationelle Selbstbestimmung wären eine Gesellschaftsordnung und eine diese ermöglichende Rechtsordnung nicht vereinbar, in der Bürger nicht mehr wissen können, wer was wann und bei welcher Gelegenheit über sie weiß. Wer unsicher ist, ob abweichende Verhaltensweisen jederzeit notiert und als Information dauerhaft gespeichert, verwendet oder weitergegeben werden, wird versuchen, nicht durch solche Verhaltensweisen aufzufallen. ... Dies würde nicht nur die individuellen Entfaltungschancen des Einzelnen beeinträchtigen, sondern auch das Gemeinwohl, weil Selbstbestimmung eine elementare Funktionsbedingung eines auf Handlungsfähigkeit und Mitwirkungsfähigkeit seiner Bürger begründeten freiheitlichen demokratischen Gemeinwesens ist. Hieraus folgt: Freie Entfaltung der Persönlichkeit setzt unter den modernen Bedingungen der Datenverarbeitung den Schutz des Einzelnen gegen unbegrenzte Erhebung, Speicherung, Verwendung und Weitergabe seiner persönlichen Daten voraus. Dieser Schutz ist daher von dem Grundrecht des Art. 2 Abs. 1 in Verbindung mit Art. 1 Abs. 1 GG umfasst. Das Grundrecht gewährleistet insoweit die Befugnis des Einzelnen, grundsätzlich selbst über die Preisgabe und Verwendung seiner persönlichen Daten zu bestimmen."[37]

Es gibt kein belangloses Datum

Einschränkungen der informationellen Selbstbestimmung sind nur auf gesetzlicher Grundlage erlaubt. Ausdrücklich stellte das Bundesverfassungsgericht fest, dass es „kein belangloses Datum" gibt. Vielmehr bedarf die Verwendung aller personenbezogenen Daten einer besonderen Rechtfertigung. Das richtungsweisende Urteil des Bundesverfassungsgerichts von 1983 hatte einen entscheidenden Einfluss auf das Bundesdatenschutzgesetz, das 1990 novelliert wurde, auf die Datenschutzgesetze der Länder und bildet auch wesentliche Eckpfeiler der heutigen Gesetzgebung wie die Datenschutz-Grundverordnung und die e-Privacy-Verordnung. Halten wir also fest, dass der Schutz persönlicher Daten rechtlich eine solide Grundlage aufzuweisen hat. UNO, EU, Deutschland – überall wird entweder durch Gesetze oder Rechtsprechung der Privatheit eine hohe und schützenswerte Bedeutung zugemessen.

Wenn heute dennoch mehr persönliche Daten von uns erfasst, verarbeitet, gespeichert und analysiert werden als jemals zuvor in der Menschheitsgeschichte, liegt das nicht am Gesetzgeber. Es zeigt eher dessen Hilflosigkeit angesichts der aktuellen Digitalisierungswelle. Schutzgesetze kommen an ihre Grenzen, wenn die Menschen selbst überall Mikrofone und Kameras aufstellen, ihr Privatleben selbst in den sozialen Netzen ausbreiten und moderne Technologien wie die Videoüberwachung mit größter Selbstverständlichkeit zum Einsatz gelangen, um dem Ruf der Bevölkerung nach mehr Sicherheit nachzukommen. In einer digitalen Welt gibt es immer wieder und immer mehr „gute Gründe“, warum persönliche Daten erfasst und – wenn man sie sowieso schon hat – auch gespeichert werden.

Immer mehr Daten von immer mehr Menschen

Dabei will uns Amazon die besten Vorschläge unterbreiten, was wir einkaufen sollten; bei selbstfahrenden Autos ist es wohl besser, möglichst viele und präzise arbeitenden Kameras die Route erfassen zu lassen, um uns sicher ans Ziel zu bringen; um Schwerverbrechern habhaft zu werden, bietet sich die automatische Gesichtserkennung auf öffentlichen Plätzen geradezu an und vieles mehr. Bereits diese wenigen Beispiele zeigen, dass im Zeitalter der Digitalisierung ständig neue Argumente aufkommen, um mehr Daten von mehr Menschen noch besser zu analysieren. Es ist wie eine endlose Datenspirale und der Gesetzgeber scheint allen Bemühungen zum Trotz alldem eher hilflos gegenüberzustehen. Ein Grund für diese Entwicklung liegt auch im gewaltigen finanziellen Potenzial, das hinter jedem Digitalisierungsschritt steckt; es geht jeweils um ein riesiges Geschäftsmodell. Daher sind es nicht nur die Staaten, die unsere Daten wollen, sondern in noch viel stärkerem Maße die Unternehmen der Digitalwirtschaft, die mit unseren Daten zu Milliardenkonzernen heranwachsen und natürlich mit immer neuen Konzepten weiterwachsen wollen. Daten sind der Rohstoff der Digitalwirtschaft. Mussten in der Vergangenheit die klassischen Rohstoffe wie Erdöl oder Holz noch der Erde entrissen werden, so stecken die neuen Rohstoffe in unseren Köpfen und werden von Digitalkonzernen somit unseren Köpfen „entrissen“. Mit jeder Eingabe bei Amazon, Facebook oder Google geben wir ein Stück unseres Gehirns zur kommerziellen Weiterverarbeitung frei. In diesem Sinne produzieren wir allein für Google weit über fünf Milliarden Gedanken-Rohstoffe pro Tag – so viele Suchanfragen verarbeitet das Unternehmen täglich. Schon im Jahr 2016 verkündete Sridhar Ramaswamy, der Senior Vice President Ads and Commerce (Vizepräsident für Anzeigen und Kommerzialisierung) bei Google stolz: „Jedes Jahr erhalten wir Milliarden von Suchanfragen.“ Zu diesem Zeitpunkt gab es zwei Milliarden Suchanfragen im Jahr; heute (Stand 2022) sind es rund 2 Billionen Anfragen pro Jahr. Um diese Zahl einmal umzurechnen: Das entspricht ca. 63.000 Suchanfragen pro Sekunde, 3,8 Millionen pro Minute, 228 Millionen pro Stunde, 5,5 Milliarden pro Tag, 167 Milliarden pro Monat. Bei 15 Prozent der täglich gestellten Suchen handelt es sich um erstmalige Anfragen, sie wurden also in dieser Form noch nie vorher bei Google gestellt. Das sind bemerkenswerte 800 Millionen neue Suchanfragen täglich.[38]

Im gleichen Maße, wie wir die Digitalmaschine mit unseren Eingaben füttern, wächst ihr Geschäft: Allein das Werbevolumen von Google lag 2020 bei knapp 147 Milliarden Dollar und auch hier ist ein Ende des Wachstums nicht in Sicht.[39]

Dieses Konzept – bei dem die Konsumenten aktiv dazu beitragen, den Erfolg von Unternehmen zu steigern – ist keinesfalls neu, denn es existierte bereits vor der Digitalisierung. So entwickelten etwa Supermarktketten ein vergleichbares System, indem die Kunden ihre gewünschten Produkte selbst aus den Regalen nehmen und mit zur Kasse bringen – und nicht mehr so individuell bedient werden, wie es bei „Tante Emma" der Fall war (seit langem sterben diese Tante-Emma-Läden immer mehr aus). Ob bei Bankgeschäften, an der Tankstelle oder im Rahmen der Reiseplanung – überall sind wir inzwischen selbst gefordert, Dienstleistungen zu erbringen, die früher die Anbieter für uns erledigten. Prosumer oder Prosument – also „Produzent" und „Consumer" bzw. „Konsument" in einer Person nennt man dieses Konzept.

Aber erst durch die Digitalisierung gelang es vielen Unternehmen – allen voran den Digitalkonzernen – den Verbraucher als Produzenten einzuspannen und den produzierten Rohstoff in Form von Persönlichkeitsprofilen an die werbetreibende Wirtschaft zu verkaufen. Plattformkapitalismus ist die wohl höchste Stufe dieses Konzepts: Der Anbieter stellt eine technische Plattform zur Verfügung, auf der sich Anbieter und Nutzer zusammenfinden. Dabei verdient dieser Anbieter entweder daran, indem er eine Nutzungsgebühr verlangt (etwa einen Monatsbeitrag) oder er kassiert im Falle eines Geschäftsabschlusses eine Provision oder er verkauft Nutzerdaten an Unternehmen, die dadurch wiederum passgenau Angebote entwickeln können. Dieses Konzept ist in seinen Grundzügen ebenfalls nicht neu, es hieß in früheren Zeiten Marktplatz. Schon im antiken Griechenland war die Agora der zentrale Fest-, Versammlungs- und Marktplatz einer Stadt. Aber erst die Digitalwirtschaft führte dieses Konzept zu einer bislang nie da gewesenen Perfektion. Über die Online-Marktplätze, die Plattformen, wird alles und jedes angeboten: Lebenspartner, Meinungen, Waren aller Art.

Der Unterschied zwischen der alten und der neuen Zeit: Dank der Digitaltechnik werden alle Schritte aller Teilnehmer auf dem Marktplatz registriert, gespeichert und analysiert, um daraus Handlungsoptionen für die Zukunft abzuleiten. Es ist weniger der Handel als vielmehr die Erfassung, Aggregation und Auswertung aller Daten, die uns Angst machen sollte. Es ist vergleichbar mit einem „großen Lauschangriff", nur eben digital.

Der große Lauschangriff

Am 16. Januar 1998 gab der Deutsche Bundestag den Startschuss für den „Großen Lauschangriff" und am 6. März desselben Jahres genehmigte ihn der Bundesrat.[40] Die Bespitzelung ihrer Bürger war den Politikern so wichtig, dass sie hierfür eine Änderung des Grundgesetzes herbeiführten, nämlich durch Einfügung der Absätze 3 bis 6 in den Artikel 13 GG. Der Zweck dieser Änderung – besser: das Ziel – galt der akustischen Wohnraumüberwachung zu Zwecken der Strafverfolgung. Am 12. Mai 2005 erklärte das Bundesverfassungsgericht die Ausführungsbestimmungen dazu zwar für verfassungswidrig, bestätigte aber zugleich das Gesetz als grundsätzlich verfassungskonform. Demzufolge hat der Staat ein Recht darauf, seine Bürger in ihren eigenen vier Wänden zu belauschen, wenn er es für richtig hält. Genau dies war nämlich die Neuerung am „Großen Lauschangriff": die Überwachung in der eigenen Wohnung. Schon lange zuvor sah die Strafprozessordnung einen „Kleinen Lauschangriff" vor, der sich nur auf Gespräche im öffentlichen Raum sowie an allgemein zugänglichen Büro- und Geschäftsräumen bezog.

Es möge an dieser Stelle wahlweise als lustig, tragisch oder schlichtweg als vorausschauend anmuten, denn der Begriff „Lauschangriff" findet sich erstmals 1968 in der Donald-Duck-Geschichte „Irrungen und Wirrungen mit einem Werwolf" in der

Übersetzung von Erika Fuchs.[41] In die Politik hielt der Begriff erstmalig Einzug mit der „Lauschaffäre Traube“, eine Abhöraktion des Bundesamtes für Verfassungsschutz (BfV), die den Manager und Umweltaktivisten Klaus Traube verdächtigte, mit Terroristen in Verbindung zu stehen. Diese Abhöraktion begann daher am 30. Dezember 1975 mit der Installation von Abhörwanzen in seiner Wohnung. Die Aktion war vom damaligen Bundesinnenminister Werner Maihöfer persönlich genehmigt worden. Am 28. Februar 1977 flog die Aktion auf, als das Nachrichtenmagazin *Spiegel* titelte: „Verfassungsschutz bricht Verfassung – Lauschangriff auf Bürger T.“[42] Minister Maihofer erklärte im Zuge des Skandals am 8. Juni 1978 seinen Rücktritt. Damals wurde deutlich: Der Begriff „Lauschangriff“ hatte längst den Weg von Donald Duck hinter sich gebracht und Einzug in das Behördendeutsch der Nachrichtendienste und Ministerien gehalten.

Edward Snowden deckt auf

Es dauerte bis Juni 2013, als der US-amerikanische Whistleblower und ehemalige Gemeindienstmitarbeiter Edward Snowden enthüllte, dass die National Security Agency (NSA) der Vereinigten Staaten von Amerika längst den „Globalen Lauschangriff“ auf die ganze Welt durchführte.[43] Schnell wurde klar: Die Überwachung umfasste praktisch alle Länder, war unabhängig von irgendeinem Verdacht und die Erkenntnisse wurden „auf Vorrat“ gespeichert. Vertretungen der Europäischen Union, der Vereinten Nationen, führende Politiker, Spitzenbeamte, Führungskräfte aus der Wirtschaft – die NSA scheute beim „Globalen Lauschangriff" vor nichts und niemandem zurück. Später sollte sich Bundeskanzlerin Angela Merkel mit den Worten: „Ausspähen unter Freunden, das geht gar nicht" dagegen wehren. Aber schon am 7. Juli 2015 gab Edward Snowden in einem Interview zu Protokoll, dass die NSA „unter einer Decke mit den Deutschen" steckt.[44]

Vom Fall Traube bis zur NSA-Affäre: Das Interesse des deutschen Staates, seine Bürger abzuhören, ist kaum zu leugnen.

Dabei scheint ein Grundpfeiler des staatlichen Abhörens – zumindest in Deutschland – nämlich die vorherige richterliche Genehmigung nach sorgfältiger Prüfung der Sachlage in jedem Einzelfall, auf tendenziell wackeligen Füßen zu stehen. In der Praxis hält sich die richterliche Kontrolle oft in Grenzen, wie Rechtsanwälte verrieten, die sich auf IT-Recht spezialisierten. Dazu ein einfaches Beispiel: Gewiefte Ermittler stellen den Antrag auf Überwachung beim Amtsgericht am Freitagnachmittag. Dann ist in der Regel kein mit der Materie vertrauter Richter mehr verfügbar, sondern nur noch der richterliche Notdienst, der meist mit jüngeren Kollegen besetzt ist. Der Jungrichter hat bei einer solchen Anfrage zwei Möglichkeiten: Entweder zeichnet er die Abhörgenehmigung ab oder am Montagmorgen fragt der Oberstaatsanwalt beim Amtsgerichtspräsidenten an, warum die Anfrage abgelehnt wurde. Daher ist anzuregen, dass jeder Richter, der eine Abhörmaßnahme genehmigt, diese nachhalten muss und einmal jährlich eine Statistik vorzulegen hat, aus der hervorgeht, ob aufgrund der Maßnahme ein Verfahren eingeleitet wurde und ob es zu einer Verurteilung kam. Dann würden die Abhörgenehmigungen sorgfältiger geprüft und für die Öffentlichkeit wäre das Verhältnis zwischen den Eingriffen in die Grundrechte der Bürger einerseits und dem Ertrag andererseits transparenter. Erfahrungen zeigen, dass es derzeit in über 80 Prozent aller Fälle, in denen Abhörmaßnahmen auf richterliche Anordnung genehmigt werden, nicht einmal zu einer Anklage kommt.

Handy-Zugriff bei Brieftaschenraub

Der Zugriff auf persönliche Mobilfunkdaten galt bis 2018 nur bei schweren Straftaten als erlaubt.

Diese Rechtslage änderte der Europäische Gerichtshof (EuGH) mit einem Urteil vom 2. Oktober 2018. Demnach können die Strafverfolgungsbehörden auch bei Straftaten, die nicht von besonderer Schwere sind, auf Handydaten zugreifen.[45] Im konkreten Fall ging es um den Raub einer Brieftasche und eines Mobiltelefons. Die spanische Kriminalpolizei wollte herausfinden, mit welchen Telefonnummern das Handy nach dem Diebstahl genutzt worden war und welche Personen sich dahinter verbergen. Der zuständige spanische Ermittlungsrichter lehnte das Ansinnen der Polizisten zunächst ab, die EuGH entschied später anders.[46]

Immerhin führten die EuGH-Richter aus, dass dieser Zugang bei einer leichteren Straftat nicht zu einer schweren Beeinträchtigung des Privatlebens führen dürfe. Bei der in diesem Fall geforderten bloßen Identifikation des Diebes mit Namen und Adresse geht es hingegen nicht um besonders schützenswerte persönliche Informationen, befanden die Richter. Auf diese Daten dürfe die Polizei für den Zweck der Verhütung, Ermittlung, Feststellung und Verfolgung von Straftaten im Allgemeinen zugreifen. So nachvollziehbar das Urteil ist, verschiebt es dennoch einmal mehr die Abwägung zwischen Sicherheit und Privatsphäre zugunsten des Staates. Es steht zu befürchten, dass sich diese Verschiebung in genau diese Richtung in den kommenden Jahren immer weiter fortsetzen wird.

Datenspeicher für die Weltbevölkerung

Wir können davon ausgehen, dass sämtliche Informationen, die wir jemals über uns preisgeben (und preisgegeben haben) – ganz gleich, ob dies bewusst oder aus Versehen geschah – nie mehr verloren gehen. Fingerabdrücke, Surfverhalten, Bilder. Alles, wirklich alles, wird gespeichert. Und es wird immer mehr.

Daten gelten als der Rohstoff, der die digitale Revolution antreibt. In die 2020er Jahre ist die Welt mit einem Datenvolumen von rund 44 Billionen Gigabyte eingetreten.[47] Angetrieben wird die weitere Expansion durch die kontinuierlich steigende Nutzung von Internet, Smartphones sowie sozialen Netzwerken und vor allem durch das Internet der Dinge (auch als „Internet of Things“ bekannt). Die Daten kommen von Milliarden Geräten, die über das Internet kommunizieren und die permanent etwas zu übermitteln haben.[48] Je nach Quelle wird von 25 bis 75 Milliarden Geräten ausgegangen (Stand 2022). „Big Data“ nennt die Fachwelt das Sammeln und Auswerten dieser immensen Datenmengen.

Ein Mensch wäre im Laufe seines Lebens nicht in der Lage, alle diese gesammelten Informationen zu lesen, geschweige denn auszuwerten. Das ist indes nicht nur unmöglich, sondern auch unnötig. Das Lesen der Informationen übernehmen nämlich zunehmend die Computer selbst. Alle unsere Daten werden nicht nur automatisch erfasst, sondern auch automatisch gelesen, analysiert und zu Persönlichkeitsprofilen zusammengeführt. Die Computer kennen uns zusehends besser als unsere Lebenspartner, ja sogar besser als wir selbst. Die lückenlose Auswertung fördert häufig Persönlichkeitsmerkmale zutage, deren man sich selbst nicht oder höchstens vage bewusst ist.

Die Speicher, um alles über uns zu aufzubewahren, sind längst gebaut und werden fortlaufend vergrößert. Die National Security Agency betreibt am Stützpunkt Camp Williams südlich der Stadt Bluffdale im Bundesstaat Utah ein Datenzentrum unvorstellbaren Ausmaßes.[49] Das Fusion Center ist so groß, dass es die persönlichen Daten der gesamten Weltbevölkerung speichern kann. Der Zweck dieser Anlage wird übrigens geheim gehalten. An dieser Stelle sei erwähnt, dass weltweit mehrere dieser Fusion Center stehen, die sämtliche Daten sammeln, um beispielsweise frühzeitig mögliche Terrorgefahren erkennen zu können. Über den Zweck der meisten dieser Anlagen finden sich im Internet Informationen, doch die gewaltigste Anlage – jene in Utah – hüllt sich diesbezüglich in Schweigen.[50] Ihr Speicherplatz variiert je nach Quelle zwischen 3 bis 12 Exabyte (1 EB entspricht 10 hoch 18 Byte, das war 1998 die Größenordnung „menschlichen Wissens", heute sind es geschätzt mehrere Hundert Exabyte) und einem Yottabyte (1 YB entspricht 10 hoch 24 Byte oder 100 Milliarden Festplatten mit 10 Terabyte). Je nachdem, welche Zahl zutreffend ist, stehen im Fusion Center umgerechnet auf die Weltbevölkerung zwischen 1,4 Megabyte und 140 Gigabyte Speicherplatz für jede Person auf der Erde zur Verfügung. Wenn man Moore's Law, benannt nach dem Intel-Mitgründer Gordon Moore, anwendet, nachdem sich die Komplexität integrierter Schaltkreise alle zwölf bis 24 Monate verdoppelt, ist eines klar: Die Kapazitäten zur Speicherung aller Informationen über die Weltbevölkerung steigen weiterhin unaufhaltsam.

An dieser Stelle stellt sich die große Frage, wem diese Daten tatsächlich gehören. Dem einzelnen Menschen, von dem diese Daten letztlich auch stammen, dem Staat, dessen Bewohner er ist oder dem Unternehmen, dessen Dienste er in Anspruch nimmt, wodurch häufig überhaupt erst Daten entstehen (beispielsweise durch das Kaufverhalten). Diese Frage lässt sich nicht so einfach beantworten, daher fordert das Europäische Parlament, eine „Bill of Digital Rights", eine Charta der digitalen Grundrechte. Eine solche Grundrechte-Charta verlangten übrigens bereits im Dezember 2013 in einem gemeinsamen Appell an die Vereinten Nationen 500 Schriftsteller aus aller Welt. Sie protestierten damit gegen Massenüberwachung durch Regierungen und Unternehmen. Die Schriftsteller schrieben, eine tragende Säule der Demokratie sei die Unverletzlichkeit des Individuums, dessen Würde über seine Körpergrenze hinausgehend – und speziell in die digitale Welt hineinreiche.[51]

Geheimgerichte in den USA

Völlig anders verhält sich die Sachlage in den USA – und damit letztendlich für die ganze Welt. Das geheim tagende FISC-Gericht der Vereinigten Staaten befand die Sammlung und Weitergabe per Lauschangriff erspähter persönlicher Daten am 29. August 2013 als konform mit der US-Verfassung, selbst dann, wenn kein richterlicher Beschluss dazu vorliegt. FISC steht für *United States Foreign Intelligence Surveillance Court*, also das Gericht der Vereinigten Staaten betreffend die Überwachung der Auslandsgeheimdienste. Das FISC entstand in Folge der Empfehlungen des *Church Committees* – benannt nach dem US-Senator Frank Church –, das die teilweise illegalen Aktivitäten von FBI, CIA und NSA untersuchte. Man könnte ohne Weiteres behaupten: Mit dem FISC wurden die gesetzeswidrigen Methoden der US-Geheimdienste legalisiert.[52]

Der Versuch einer Kehrtwende durch ein zweites *Church Committee*, das im Jahre 2014 unter dem Eindruck der Snowden-Enthüllungen startete, scheiterte. Das Begehren des Staates, nicht nur alles über die eigenen Bürger, sondern über die gesamte Weltbevölkerung zu wissen, ist offenbar nicht aufzuhalten.

Der durch die Weitergabe der *Pentagon Papers* bekannt gewordene Whistleblower Daniels Ellsberg bezeichnete die Aussage des damaligen US-Präsidenten Barack Obama, das FISC-Gericht beaufsichtige die Datensammelwut der Geheimdienste, als „Nonsense". Sowohl das FISC als auch die Geheimdienstausschüsse des US-Kongresses seien derart in die Geheimdienste eingebunden, dass faktisch keine Kontrolle stattfände. Anders ausgedrückt: Die Geheimdienste können praktisch ohne Kontrolle tun und lassen, was sie wollen. Und ganz offenbar wollen und werden sie alle heutigen und künftigen Technologien nutzen, um ihren globalen Lauschangriff zu perfektionieren.[53]

Land unter Kontrolle

Wie sich die Situation in Deutschland darstellt, veranschaulicht der Dokumentarfilm „Land unter Kontrolle. Die Geschichte der Überwachung der BRD" von 3-Sat, der am 27. Januar 2014 erstmals im ZDF ausgestrahlt wurde: „Die Bundesrepublik ist ein überwachtes Land, das beweist der NSA-Skandal."[54] Zwischenzeitlich ist der entlarvende Beitrag allerdings in der ZDF-Mediathek nicht mehr abrufbar. Ein Schelm, wer Böses dabei denkt.

Es kann keine Zweifel daran geben, dass die Staaten alles daran setzen, die Zivilgesellschaft zu überwachen, und dass ihnen dazu alle Mittel recht sind. Sobald sich dabei eingesetzte Mittel und Verfahren als rechtswidrig erweisen, wird einfach die Gesetzgebung geändert, um die Legalität der Bespitzelung herzustellen. Natürlich greifen die Staaten dabei auf alle Informationen zu, derer sie habhaft werden. Dazu gehören selbstverständlich auch die sozialen Netze und alle anderen Online-Plattformen, auf denen Bürger freiwillig Informationen von sich preisgeben. Schon 2010 begann die NSA nach Recherchen der *New York Times* mit der systematischen Überwachung sozialer Netzwerke. Jeder, der also seinen Alltag hauptsächlich damit verbringt, diesen regelmäßig auf Facebook zu verbreiten, auf Instagram private Fotos zu veröffentlichen, sich auf Twitter zu politischen Themen zu äußern und bei Amazon Buchrezensionen zu schreiben, der darf sich nicht wundern, wenn ihn die NSA längst im Visier hat.[55]

Alle Spuren, die wir im Netz hinterlassen – von der Google-Suche bis zu unseren Einkäufen bei Amazon – werden nicht nur von den jeweiligen Firmen ausgenutzt, um damit Geld zu verdienen, sondern stehen sicherlich auch den Geheimdiensten nicht nur in den USA zur Verfügung, damit diese uns wiederum besser verstehen und unser Verhalten analysieren können. Die USA verabschiedeten eigens hierzu den Patriot Act, ein Gesetz, das im Kern besagt, dass alle Daten, die einem US-Unternehmen gehören, auch den staatlichen Behörden zugänglich sind.[56] Spätestens seit Edward Snowden wissen wir, dass

Informationen in US-Hand systematisch an deutsche Behörden weitergegeben werden, sofern diese aufgrund der strikteren hiesigen Gesetzgebung die Daten nicht direkt erheben dürfen.

Die Konvention 108 plus

Um die Bevölkerung besser vor der digitalen Überwachung durch die Geheimdienste zu schützen, forderten im September 2020 die Vorsitzende des Datenschutzausschusses und der Datenschutzbeauftragte des Europarates die Staaten in einer gemeinsamen Erklärung auf, den Schutz personenbezogener Daten im Zusammenhang mit der digitalen Überwachung durch Geheimdienste zu stärken. „Die Staaten müssen sich auf internationaler Ebene über das Ausmaß einigen, bis zu dem die Überwachung durch Geheimdienste zulässig sein kann, sowie über die Bedingungen und Schutzmaßnahmen, die für die Überwachung gelten. Dazu gehört auch eine wirksame und unabhängige Kontrolle", hieß es in der Erklärung.[57]

Hierzu wurde die Staatengemeinschaft aufgefordert, sich der aktualisierten Datenschutzkonvention des Europarates, auch als „Konvention 108+" bekannt, anzuschließen und eine neue Völkerrechtsnorm zu fördern, die einen wirksamen und demokratischen Schutz in dem Bereich vorsieht. Grundlage für die Ausarbeitung einer neuen Rechtsnorm könnten die zahlreichen Kriterien sein, welche die Gerichte bereits entwickelt haben, etwa der Europäische Menschenrechtsgerichtshof und der Oberste Gerichtshof der Vereinigten Staaten.

Das „Übereinkommen zum Schutz des Menschen bei der automatischen Verarbeitung personenbezogener Daten" („Konvention 108") ist der einzige völkerrechtlich bindende Vertrag zum Schutz der Privatsphäre und personenbezogener Daten, der jedem Land der Welt offensteht. Der Vertrag wurde 1981 verabschiedet und 2018 durch ein Zusatzprotokoll aktualisiert, das gewährleisten soll, dass die Datenschutzgrundsätze des Vertrags den heutigen Mitteln und Praktiken weiterhin angemessen sind, und den Mechanismus zur Überwachung der Einhaltung des Vertrags stärken soll. Bisher haben 55 Länder die „Konvention 108" ratifiziert; Deutschland ist dabei, die USA bleiben außen vor.[58]

USA: Die Datenwelt gehört uns

Die Vereinigten Staaten von Amerika haben das Internet aus der Taufe gehoben und damit gleichzeitig die Grundlage gelegt für die digitale Bespitzelung nicht nur der eigenen Bevölkerung, sondern gleich der ganzen Welt.

Kampf um die Daten

Im Frühjahr 2018 unterzeichnete der damalige US-Präsident Donald Trump den sogenannten „Cloud Act" und erklärte damit die „globale Datenhoheit" der USA zum geltenden Recht. „Cloud Act" steht für „Clarifying Lawful Overseas Use of Data Act" und dahinter steckt nichts anderes als der Anspruch der Vereinigten Staaten von Amerika auf alle Daten dieser Welt. Die US-Regierung räumt sich selbst das Recht ein, bei Bedarf auf alle digitalen Informationen der Weltbevölkerung jederzeit zuzugreifen. Die geheime Bespitzelung wurde legalisiert und ist heute geltendes Recht.[59]

Die US-Regierung ignoriert dabei bewusst das Rechtswesen aller anderen Länder. So steht der Cloud Act der im Mai 2018 in der Europäischen Union in Kraft getretenen Datenschutz-Grundverordnung diametral entgegen. Während die EU dazu ansetzt, die Privatsphäre ihrer Bürger zu schützen, erklären die USA praktisch zeitgleich diesen Schutz für obsolet. Der Datenkrieg zwischen Europa und den USA ist entfacht und er wird einen weltweiten Flächenbrand auslösen.

Wie verhält es sich mit China und Russland? Beide Staaten fielen in der digitalen Welt vor allem durch Hackerangriffe auf westliche Staaten und Unternehmen auf. Was aber soll die chinesische oder die russische Regierung darin hindern, diese bislang geheimen Angriffe ganz ähnlich wie die USA alsbald zum geltenden Recht zu erklären? Genau wie die USA werden vermutlich sowohl China als auch Russland künftig Anspruch auf die digitale Weltbevölkerung erheben. Wer sollte sie daran hindern?

Mit dem „Cloud Act" hat US-Präsident Donald Trump 2018 eine Entwicklung vollendet, deren Wurzeln bis in das Jahr 1968 zurückreichen.

Das Internet wurde 1968 geboren

Damals entwickelte eine kleine Forschergruppe unter der Leitung des renommierten Massachusetts Institute of Technology (MIT) und des US-Verteidigungsministeriums ein *Advanced Research Projects Agency Network*, kurz Arpanet. Ziel war die Errichtung eines Kommunikationsnetzes zwischen allen US-Universitäten, die für das Verteidigungsministerium forschten. Dabei handelte es sich um die University of Utah, die University of California Los Angeles und die University of California Santa Barbara.[60]

Das Arpanet enthielt von Anfang an die grundlegenden Aspekte und ist damit der direkte Vorläufer des heutigen Internets. Für damalige Verhältnisse war das Arpanet revolutionär, weil es erstmals das Konzept eines dezentralen Netzwerks realisierte. Statt eines zentralen Computers, über den die gesamte Kommunikation läuft, baute das Arpanet auf einem Geflecht von Computern auf. Der entscheidende Vorteil dabei lag in der Dezentralisierung: Wenn einer der Computer ausfällt, bricht nicht etwa das gesamte System zusammen, sondern seine Aufgaben werden automatisch von den anderen Computern übernommen. Die zweite maßgebliche Innovation war die Paketvermittlung. Jeder Datenstrom wird dabei in eine Vielzahl kleiner Datenpakete zerlegt, bevor er übertragen wird. So ist es möglich, dass beim Ausfall eines Computers die Datenpakete einfach über einen anderen Weg – also über andere Computer – ans Ziel übermittelt werden. Genau so funktioniert das Internet im Prinzip heute noch. Alle Daten werden in kleine Pakete zerlegt und finden ihren Weg zum Ziel über ein Netzwerk mit einer Vielzahl von Computern dazwischen. Natürlich sind die Internetknoten mittlerweile um ein Vielfaches leistungsfähiger. Auch die damalige Übertragung im Arpanet über Telefonleitungen mit einer Übertragungsgeschwindigkeit von 50 Kbit pro Sekunde hat längst ein Ende gefunden.

Das Arpanet wurde am 28. Februar 1990 stillgelegt, doch es hat unsere Welt für immer verändert.

Die dezentrale Netzstruktur, verbunden mit der Paketvermittlung der Daten, machten das Arpanet außerordentlich robust gegen Ausfälle einzelner Computer oder Datenleitungen. Selbst der Ausfall ganzer Teilnetze würde die Funktionalität der verbleibenden Netzinfrastruktur nicht lahmlegen. Das führte schon frühzeitig zu der Spekulation, dass das US-Verteidigungsministerium mit dem Arpanet eine Kommunikationsstruktur schaffen wollte, die selbst im Falle eines Atomkriegs noch funktionieren würde. Ob das richtig ist oder nur Spekulation, ließ sich im Nachhinein nicht mehr genau feststellen. Aber es ist eine plausible Geschichte und vermutlich stimmt sie. Es gibt nämlich eine Studie der RAND Corporation („Research AND Development), einer US-Denkfabrik, die nach dem Ende des Zweiten Weltkriegs am 14. Mai 1948 gegründet wurde, um die Streitkräfte der Vereinigten Staaten zu beraten, die genau dieses Szenario anschaulich beschreibt. Die RAND-Organisation gibt es übrigens heute noch mit immerhin 1.600 Beschäftigten.

Auf jeden Fall lässt sich mit Fug und Recht behaupten, dass das heutige Internet aus der Militärforschung der Vereinigten Staaten von Amerika entstand. Übrigens markiert der 1. Januar 1983 den Übergang vom Arpanet auf das Internet, denn bis zu diesem Stichtag waren alle Netzwerkrechner auf das Internet Protokoll umgestellt. Mit dem 1984 entwickelten „Domain Name System“ (DNS) wurde es erstmals möglich, sämtliche Rechner im Netz mit Namen zu versehen, denn zuvor waren sie ausschließlich über – unübersichtliche – Ziffernkombinationen erreichbar. Im Jahr 1990 verkündete die US-staatliche National Science Foundation, das Internet für kommerzielle Zwecke nutzbar machen zu wollen. Am 6. August 1991 veröffentlichte das Schweizer CERN – die Europäische Organisation für Kernforschung – die Grundlagen des World Wide Web, wie wir es heute täglich nutzen, wenn wir „www" eintippen.[61] Rasanten Auftrieb erhielt das Internet jedoch bereits, als im Jahr 1983 der erste grafikfähige Webbrowser mit Namen Mosaic angeboten wurde.

Heute lässt sich feststellen: Das Internet führte die größte Veränderung des Informationswesens seit Erfindung des Buchdrucks herbei. Im Jahr 2013 erklärte der Bundesgerichtshof, das Internet gehöre zur Lebensgrundlage von Privatpersonen.[62] Parallel dazu entstand die Vorstellung des Internets als eine Art „rechtsfreier Raum". Das ist es natürlich nicht, schließlich gilt das jeweilige nationale Recht, aber in der Tat führt die globale Struktur und die Anonymität des Internets den Gesetzgebern überall auf der Welt vor Augen, wie schwer es ist, in einem globalen Netz nationale Gesetze durchzusetzen. Hinzu kommt, viele Regierungen und Parlamente – und das darf man getrost auch für Deutschland behaupten – bemerkten sehr lange (und vielleicht zu lange) die Bedeutung des Internets überhaupt nicht. Nicht so in den USA: Die amerikanischen Behörden erkannten offenbar sehr früh, welche geradezu gigantischen Möglichkeiten ihnen das Internet bietet, um sich weltweit durchzusetzen.

Internet gehört uns allen

Die Vorreiterrolle der Vereinigten Staaten von Amerika bei der digitalen Bespitzelung nicht nur ihrer eigenen Bevölkerung, sondern darüber hinaus weltweit, hängt unmittelbar damit zusammen, dass die USA das Internet lange Zeit beherrschten. Dies ist sowohl anderen Staaten als auch Teilen der globalen Zivilgesellschaft schon längst ein Dorn im Auge. Lange bevor durch die Enthüllungen von Edward Snowden der ganzen Welt klar wurde, wie rücksichtslos die USA ihre digitale Vormachtstellung missbrauchen, entwickelte sich die Vision eines „All Nations Internet", also eines Internets aller Nationen.

Das Diplomatic Council, die „Denkfabrik", in dem das vorliegende Werk erschienen ist, hat diese Entwicklung in fünf Punkten zusammengefasst und das „Internet aller Nationen" wie folgt manifestiert:

Das Internet gehört allen Menschen überall auf der Welt. Jedermann hat das Recht auf den Zugang zu Informationen und zur Bereitstellung von Informationen im Internet, soweit dadurch die Rechte anderer nicht verletzt werden.

Die in der Charta der Vereinten Nationen festgeschriebenen Menschenrechte gelten immer und unveränderlich im Internet wie in der realen Welt.

Das Recht auf freie Meinungsäußerung und Versammlungsfreiheit gilt länderübergreifend und uneingeschränkt im Internet, soweit dadurch die Rechte anderer nicht verletzt werden.

Das Recht auf eine Privatsphäre gilt unverrückbar im Internet. Es ist die Aufgabe der Staatengemeinschaft, dieses Recht dauerhaft zu schützen.

Alle Menschen und alle Staaten haben gleiche Rechte, sich an der Weiterentwicklung des Internets zu beteiligen.

Nun handelt es sich beim Internet um ein weitverzweigtes, diffiziles technisches Gebilde, das nicht so ohne Weiteres einem Staat entrissen und der Staatengemeinschaft oder Zivilbevölkerung übertragen werden kann. Außerdem gewann das Internet mittlerweile eine derart umfassende Bedeutung, dass der reibungslosen Aufrechterhaltung der technischen Infrastruktur höchste Priorität zukommt, sogar noch vor der Ablösung von den USA. Vor diesem Hintergrund fordert das Diplomatic Council alle beteiligten Parteien („Stakeholder“) auf, das Internet gemäß folgenden Maßgaben weiterzuentwickeln:

Die Innovationskraft, die überhaupt erst zur Existenz des Internets in der heutigen Form führte, soll gefördert werden, um ein „Internet der Innovationen“ zu erhalten. Die Internet Governance muss weiterhin genehmigungsfrei Innovationen und Investitionen durch alle Beteiligte überall auf der Welt zulassen.

Das Internet muss ein weltweit einheitlicher Kommunikationsraum bleiben, in dem jeder mit jedem Informationen austauschen kann („end-to-end“), unabhängig vom Inhalt der Kommunikation, solange diese legal ist im Sinne der Charta der Vereinten Nationen. Die weltweite Kohärenz und Skalierbarkeit sowie der weltweit ungehinderte Informationsfluss stellen dafür wesentliche Voraussetzungen dar.

Die Sicherheit und Stabilität der Infrastruktur bilden die Grundlage für jedwede Zuverlässigkeit im Internet. Jede Weiterentwicklung darf die technische Funktionalität nicht gefährden. Vielmehr sind alle Beteiligten zur engen Zusammenarbeit aufgefordert, um diese Sicherheit und Stabilität zu gewährleisten.

Bei der Weiterentwicklung des Internets etwa durch neue Technologien, Angebote und Nutzungsmöglichkeiten muss der Grundsatz einer offenen und dezentralen Architektur unverrückbar erhalten bleiben (Netzneutralität).

Das Internet war niemals und darf niemals ein rechtsfreier Raum sein. Die Nutzung der mit dem Internet einhergehenden grenzüberschreitenden Kommunikation für Verbrechen muss in der internationalen Kooperation der Staaten und ihrer legitimen Gewalten bekämpft werden.

Wer im Internet etwas zu sagen hat

Regelungen für Internet Governance, also der Frage, wer im Internet etwas zu sagen hat, sind die Themen einer teilweise hitzigen internationalen Debatte zwischen vielen unterschiedlichen Interessenvertretern. Bis heute gibt es keine einheitliche Auffassung darüber, wie Internet Governance in Zukunft international gehandhabt werden soll.[63]

Im Kern geht es dabei um die Frage, wer die Aufsichtsfunktion über zentrale Ressourcen im Internet besitzt.

Während die Struktur des Internets grundsätzlich dezentral und nicht-hierarchisch angelegt ist, gibt es eine Ausnahme davon: Das Domain Name System (DNS), das strikt hierarchisch in einer Art Baumstruktur aufgebaut ist. Im DNS wird festgelegt, wie Internetnamen wie z. B. www.diplomatic-council.org in ihre Internet Protokoll (IP)-Adressen übersetzt werden. Die Verwaltung dieses DNS-Systems obliegt seit 1998 der Internet Corporation for Assigned Names and Numbers (ICANN), die aufgrund eines Memorandums of Understanding mit dem amerikanischen Handelsministerium unter kalifornischem Recht registriert ist. Bis 30. September 2016 durften Änderungen an den DNS-Einträgen nur mit Genehmigung des US-Handelsministeriums vorgenommen werden. Viele Länder meldeten Bedenken dagegen an, da Änderungen an ihren Länder-Domainnamen wie beispielsweise „.de“ für Deutschland oder „.cn“ für

China von der dazu erteilten Zustimmung der amerikanischen Regierung abhängig sind.

Die US-Regierung verpflichtete sich daher im Jahre 2005, keine Aktionen zu unternehmen, die einen nachteiligen Effekt auf das Internet haben, und zwar mit der Anerkennung und Begründung der Bedeutung des Internets für die Weltwirtschaft. Die USA erkannten die legitimen Interessen anderer Regierungen in Bezug auf das Management ihrer Länder-Domainnamen an und verpflichteten sich diesbezüglich zur Zusammenarbeit mit der internationalen Staatengemeinschaft. Im Kern lief dies allerdings auf die unveränderte und alleinige Führungsrolle der USA zur Kontrolle und Weiterentwicklung des Internets hinaus.

Für die Länder der Europäischen Union ebenso wie für viele Entwicklungs- und Schwellenländer war diese Position nicht tragbar. Daher legte die Europäische Union im September 2005 ein Diskussionspapier vor, das eine internationale Aufsicht über wesentliche Ressourcen des Internets vorsieht. Im Juni 2006 wurde vom Generalsekretär der Vereinten Nationen ein sogenanntes Internet Governance Forum (IGF) einberufen. Im März 2016 einigten sich die Gremien auf ein Modell für die Weiterführung durch die ICANN ohne Aufsicht der US-amerikanischen Regierung.

Damit war ein fundamentaler Schritt auf dem Weg zu einem wirklich globalen Internet getan. Wird es die USA davon abhalten, das Internet weiterhin für Spionagezwecke zu missbrauchen? – wohl eher nicht! Pessimisten vertreten sogar die Auffassung, dass es jetzt für alle Staaten leichter geworden ist, das Internet für ihre – sagen wir nicht immer – guten Zwecke noch besser als bisher zu nutzen.

Die USA schenkten der Welt das Internet

Die USA schenkten der Welt das Internet. Es war kostenlos, aber nicht umsonst. Das wurde für jedermann spätestens mit dem Snowden-Skandal im Jahre 2013 deutlich. Die USA hatten mit dem Internet nicht nur der US-amerikanischen Digitalwirtschaft einen Boom ohnegleichen beschert, sondern zugleich auch ein Geheimdienstnetz um die ganze Welt gespannt. Als Edward Snowden Anfang Juni 2013 das Ausmaß der weltweiten Schnüffelei anhand von rund 1,9 Millionen Dokumenten offenbarte, galt es noch als Skandal. Das Abhören wurde als Angriff auf den Rechtsstaat empfunden.[64] Die Vereinten Nationen, die Europäische Union, die Bundesregierung – alle waren offenbar abgehört worden. Telefonate, E-Mails – nichts blieb verborgen. Die Bundesrepublik Deutschland bestellte erstmals in ihrer Geschichte den US-Botschafter ein. Wie glaubhaft dieser Vorgang ist, lässt sich schwer abschätzen. Immerhin hatte Edward Snowden erklärt, dass die amerikanische National Security Agency (NSA) „unter einer Decke mit den Deutschen“ stecke.

Edward Snowden hatte übrigens nach eigenen Angaben schon im Jahr 2007, als er von der CIA nach Genf geschickt wurde und ungehinderten Zugang zu geheimen Informationen und Überwachungsdaten bekam, darüber sinniert, sich an die Öffentlichkeit zu wenden. „Ich erkannte, dass ich Teil von etwas geworden war, das viel mehr Schaden anrichtete als Nutzen brachte“, sagt Snowden.[65] Die Wahl von Barack Obama zum Präsidenten der Vereinigten Staaten habe in ihm die Hoffnung geweckt, die fragwürdigen Praktiken der Geheimdienste würden durch Reformen abgeschafft. Das hätten sich vermutlich auch viele Deutsche gewünscht, denn schließlich wurde Obama hierzulande in weiten Teilen wie ein Heilsbringer als „Held des Guten“ gefeiert. Indes: Barack Obama machte zumindest in dieser Angelegenheit genauso weiter wie sein Vorgänger George W. Bush.

So beschloss Edward Snowden: „Ich möchte nicht in einer Welt leben, in der alles, was ich tue und sage, aufgezeichnet wird. Solche Bedingungen bin ich weder bereit zu unterstützen, noch will ich unter ihnen leben“. Die Enthüllungen nahmen ihren Lauf, für Edward „Ed“ Snowden begann ein persönlicher Action- und Spionagethriller, der genug Stoff für einen James-Bond-Film böte. Da er nicht direkt bei einer US-Behörde angestellt war, sondern bei der externen Beratungsfirma Booz Allen Hamilton, war klar, dass er nicht durch die Whistleblower-Gesetze geschützt war. Anders ausgedrückt: Edward Snowden begab sich in akute Lebensgefahr, mindestens jedoch in die Gefahr, den Rest seines Lebens hinter Gittern zu verbringen, weil er es auf sich nahm, die Welt wachzurütteln. Man kann ihn durchaus als Held des Digitalzeitalters bezeichnen. In 15 Ländern – darunter auch Deutschland – bat Snowden um politisches Asyl, einzig Russland nahm ihn auf, wenngleich sicherlich weniger aus humanitären denn aus machtpolitischen Gründen. Die Worte des russischen Präsidenten Wladimir Putin hören sich heute noch eigenartig an: „Wenn er hierbleiben möchte, gibt es eine Bedingung: Er muss mit seiner Arbeit aufhören, die darauf gerichtet ist, unseren amerikanischen Partnern Schaden zuzufügen – so merkwürdig sich das aus meinem Mund auch anhören mag."[66]

Eine ganze Reihe von Organisationen haben Edward Snowden, in Anerkennung seiner Verdienste, für den Friedensnobelpreis vorgeschlagen, den er – natürlich – niemals erhielt. Ganz im Gegenteil zu seinem – der Sache nach – größten Widersacher, dem damals verantwortlichen US-Präsidenten Barack Obama.

Der Friedensnobelpreisträger und US-Präsident Barack Obama gab sich freundlich und stellte am 27. Juni 2013 klar, er werde „keine Jets schicken, um einen 29 Jahre alten Hacker zu fassen".[67] Ein ehrliches Gesicht, freundliche Worte, perfektes Lächeln – Obama versuchte die ganze Angelegenheit schlichtweg mit Charme wegzulächeln. In der Sache jedoch blieb Obama hart: keine Entschuldigungen, keine Versöhnung, geschweige denn ein Dank an Snowden für die Aufdeckung des Skandals.

Damit wurde deutlich: Die US-Regierung betrachtet die gesamten Abhöraktionen überhaupt nicht als Skandal, sondern stuft – ganz im Gegenteil – die Bespitzelung der Welt als ihr legitimes Recht ein. Der einzige „Skandal" besteht darin, dass ein Mitarbeiter die ganze Sache verraten hat. Und der Rest der Welt akzeptierte mehr oder minder diese Haltung, kein Land wollte sich mit den mächtigen USA anlegen.

Dafür spricht auch der Vorfall vom 2. Juli 2013. Dem bolivianischen Präsidenten Evo Morales wurden auf einem Flug von Moskau in sein Heimatland plötzlich die Überfluggenehmigungen für Frankreich, Spanien, Portugal und Italien entzogen. Das Flugzeug musste in Wien eine außerordentliche Zwischenlandung vornehmen und wurde von österreichischen Behörden durchsucht. Was war passiert?

Es war offenbar das Gerücht aufgekommen, Edward Snowden befinde sich an Bord der Präsidentenmaschine. Frankreich und Spanien dementierten zunächst eine Zusammenarbeit mit den USA in dieser Angelegenheit. Später redete sich das französische Außenministerium mit einem „administrativen Missgeschick" heraus, während die anderen Länder schwiegen. Deutschland ließ wissen: „Auswärtiges Amt und Innenministerium sehen die Voraussetzungen für Snowdens Aufnahme nicht erfüllt". Die US-Regierung hatte offenbar diplomatischen Druck auf die Länder ausgeübt, um des Whistleblowers habhaft zu werden. Erst nach zwölf Stunden konnte Evo Morales seinen Flug endlich fortsetzen.

Gleichgültig, ob Julian Assange oder Edward Snowden, vertreten die USA offensichtlich die Auffassung, dass nicht die Geheimnisse den Skandal darstellen, sondern das Aufdecken der Geheimnisse. Ob Zivilisten von US-Militärs gezielt abgeschossen, Gefangene gefoltert oder beinahe die ganze Welt abgehört wird, ist dabei egal. Wer die Missstände aufdeckt und öffentlich macht, ist der Bösewicht, nicht etwa derjenige, der die Missstände zu verantworten hat. Soweit das offensichtliche Schema der USA – doch inwieweit gilt es auch für Europa und Deutschland?

Deutschland im Fokus der NSA

In den Dokumenten von Edward Snowden finden sich vielfältige Beweise für NSA-Aktivitäten in Deutschland. Dabei handelt es sich um teilweise ganz unterschiedliche Dokumente: Kurze Notizen, Präsentationen, Statistiken, Gesprächsleitfäden für die Treffen zwischen NSA und Bundesnachrichtendienst (BND) sowie Erfahrungsberichte, die Einblick in das Leben und die Arbeit der Geheimdienste geben.

Im Fundus von Edward Snowden finden sich zahlreiche Dokumente mit Deutschland-Bezug. In einem als „top secret“ eingestuften „Information Paper“ mit dem Titel „NSA Intelligence Relationship with Germany – Bundesnachrichtendienst (BND)“ vom 17. Januar 2013 heißt es unverblümt: „2012 begrüßte die NSA den Eifer von BND-Präsident Schindler, die bilaterale Kooperation zu stärken und zu erweitern ...“[68]

Zweckentfremdung vorprogrammiert

Es gibt vier Gründe, warum persönliche Daten, die eine Firma oder ein Staat einmal gesammelt hat, zweckentfremdet zur Verwendung kommen: Marketing, Bequemlichkeit, Sicherheit und Verbrechensbekämpfung.

So wuchs die Firma Google seit ihrer Gründung am 4. September 1998 im kalifornischen Menlo Park mit einem einfachen Konzept zum Milliardenkonzern: Sie sammelt alle Daten über ihre Nutzer, derer sie habhaft wird, und verkauft diese Daten oder Analysen auf Grundlage dieser Daten an Firmen, die damit Werbung betreiben. Experten sprechen von Target Marketing, also zielgerichtetem Verkauf.

Je genauer eine werbetreibende Firma ihre potenziellen Kunden kennt, desto gezielter kann sie ihre Anzeige platzieren und desto höher sind die Verkaufschancen. Befreit von ernsthaften Datenschutzzwängen sammelt Google beinahe seit Beginn des Internetzeitalters fast alles. Viele Mensch wissen jedoch nicht, dass jedes Wort, das irgendwer irgendwo auf der Welt in die Datensuchmaschine Google eingibt, gespeichert, analysiert und für Werbezwecke verwendet wird. Überlegen Sie sich einmal, was Sie über die Jahre hinweg im Internet gesucht haben und machen Sie sich klar, welche Informationen Sie damit über sich preisgeben: Hobbys, Reisen, Gesundheit, Kleidung, Lebensumstände, Geschäft, Amüsement und natürlich auch wirklich Privates. Möglicherweise klingt es übertrieben, doch handelt es sich dabei um die Realität: Google weiß mehr über die meisten Personen als der eigene Ehe- oder Lebenspartner. Wer sich vor Prostata- oder Brustkrebs fürchtet oder über eine Scheidung nachdenkt, informiert Google vermutlich unabsichtlich eher über seinen Gemütszustand, als den eigenen Partner, um nur wenige Beispiele zu nennen.

„Wir wissen mehr oder weniger, woran Sie denken", schwärmte Eric Schmidt schon 2015. Der Mann sollte es wissen, denn er war Aufsichtsratsvorsitzender des am 2. Oktober 2015 gegründeten Google-Mutterunternehmens Alphabet.[69]

Die scheinbare Anonymität des Internets verführt uns also dazu nach Dingen zu suchen, nach denen wir unseren Arbeitskollegen, unseren Nachbarn und häufig nicht einmal unseren Lebensgefährten wagen würden zu fragen. Diese Anonymität kommt jedoch einem Trugschluss gleich: Sobald die Google-Seite aufgerufen wird, speichert Google eine kleine Identitätsdatei auf dem Gerät des jeweiligen Nutzers ab, Experten sprechen von „Cookies". Anhand dieser Cookies kann Google haargenau verfolgen, wann jemand welche Webseiten aufgerufen hat.

Bedenklich sind dabei nicht nur jene Informationen, die man freiwillig preisgibt, sondern vor allem auch diejenigen, von denen man nicht einmal ahnt, dass man sie verrät. Beispiel

Google Fotos: Wer seine Bilder bei Google speichert, vertraut dem Datenkonzern keineswegs nur seine Schnappschüsse aus dem letzten Urlaub oder sein fotografisches Arbeitsleben an. Jedes Bild besitzt zusätzlich noch so genannte Metadaten. Diese sagen aus, wann ein Foto aufgenommen wurde, mit welcher Kamera und vor allem auch, wo es fotografiert wurde. Die Auswertung dieser Metadaten ist häufig entlarvend: Wurde das Foto auf einem Camping-Platz oder in einer Fünf-Sterne-Urlaubsanlage geschossen? Handelt es sich bei der Kamera um ein neues hochpreisiges Gerät oder ein altes Billigmodell? Welche Reiseziele stehen an? Google kann anhand der Fotoreihen, verknüpft mit weiteren Informationen, die die Firma über uns alle sammelt – zum Beispiel unseren Wohnort – ziemlich genau einschätzen, wie viel Geld wir verdienen und welcher sozialen Schicht wir angehören.[70]

Facebook schlimmer als Google

Google mag die Datenkrake mit den meisten und längsten Fangarmen sein, um seine Nutzer auszuspionieren, aber bei Weitem nicht die einzige. Facebook steht dem in nichts nach. Übrigens: Mit rund zwei Milliarden „Bürgern" wäre Facebook in der realen Welt die größte Volkswirtschaft auf der Erde. Und diese „Weltmacht" entstand binnen zehn Jahren, nur um an dieser Stelle die Dimension aufzuzeigen, wie gigantisch der Konzern Meta, zu dem Facebook gehört, tatsächlich ist.

Wenn rund zwei Milliarden aktive Facebook-Nutzer – 1,5 Milliarden davon sind täglich (!) in diesem sozialen Netzwerk aktiv – ihr Privatleben freiwillig mehr oder minder vollständig in Facebook eingeben, mag man noch denken, sie seien alle „selbst schuld". Was viele jedoch nicht einmal ahnen: Facebook weiß viel mehr über einen, als man je freiwillig verraten würde. Ein Beispiel: Sobald die Facebook-Seite geöffnet wird und man sich eingeloggt, erfährt Facebook automatisch und ohne, dass man es verhindern kann, welche weiteren Seiten man besucht. Wer also seine Facebook-Seite dauerhaft im Browser geöffnet hält, gibt sein gesamtes Surfverhalten weiter. So verrät man damit in der heutigen Online-Welt unbeabsichtigt wesentliche Aspekte seines privaten und beruflichen Lebens an Facebook. Erst Anfang 2021 machte Apple dem seitenübergreifenden Treiben von Facebook ein Ende – zumindest bei allen Geräten und Browsern des Apfel-Konzerns. Apple unterbindet schlichtweg das Tracking durch Facebook bzw. Meta, wie sich der Konzern seit Ende 2021 nennt.[71]

Meta ist mehr als Facebook

Der 26. Juli 2018 gilt als schwarzer Tag bei Facebook. An diesem Donnerstag verlor das Unternehmen, das zu diesem Zeitpunkt noch Facebook hieß, 121 Milliarden Dollar an Börsenwert, eine der größten Kapitalvernichtungen in der US-Börsengeschichte an einem einzigen Tag. Grund für den Absturz war die Veröffentlichung der Quartalszahlen, mit denen

Facebook seine Investoren warnte, dass das Umsatzwachstum geringer als zuvor ausfallen werde. Als Wachstumshemmnis hat sich offenbar der zunehmende Druck aus Politik und Gesellschaft erwiesen, wenigstens ethische Minimalstandards beim Datenschutz und bei den Inhalten zu gewährleisten. Vor allem in Europa gingen die Nutzerzahlen mit der Einführung der Datenschutz-Grundverordnung am 25. Mai 2018 deutlich zurück.

Auch das Netzwerkdurchsetzungsgesetz (NetzDG, Gesetz zur Verbesserung der Rechtsdurchsetzung in sozialen Netzwerken, auch Facebook-Gesetz genannt), das sich gegen Hetze und gefälschte Meldungen (Fake News) in sozialen Netzwerken richtet und zum 1. Januar 2018 endgültig in Kraft trat, zeigte Wirkung.[72] Es verpflichtet Facebook & Co, offensichtlich strafbare Inhalte wie Volksverhetzung binnen 24 Stunden, nachdem sie von einem Nutzer gemeldet wurden, zu entfernen. In schwieriger zu entscheidenden Fällen ist eine Frist von sieben Tagen vorgesehen. Bei wiederholter und systematischer Missachtung drohen den sozialen Netzwerken Millionenstrafen. Im ersten Halbjahr nach Inkrafttreten der NetzDG wurden bei Facebook 1.704 Beiträge gemeldet und 362 geblockt oder entfernt. Wem das erstaunlich wenig vorkommt, der hat recht: Im selben Zeitraum wurden beispielsweise bei YouTube knapp 215.000 Fälle gemeldet, von denen 27 Prozent entfernt wurden. Der Grund für die vermeintlich bessere Situation bei Facebook liegt offenbar darin, dass es beim Zuckerberg-Netzwerk für die Nutzer augenscheinlich schwieriger ist, Meldung zu machen. Das Bundesjustizministerium beklagt öffentlich den „komplizierten Beschwerdeweg“. Unumstritten ist die NetzDG ohnehin nicht. Aus Angst vor Bußgeldern könnten nämlich die Netzbetreiber dazu neigen, grenzwertige Inhalte eher zu sperren, also eine Zensur auszuüben. Wer mit Personen spricht, die gemeldete Inhalte sichten und bewerten, gelangt unweigerlich zu dem Schluss, dass etwa zehnmal mehr gelöscht wird, als rechtlich notwendig wäre. Vor diesem Hintergrund wird verständlich, wenn der Vorwurf der Zensur aufkommt. Das Gesetz sieht Strafe bei Nicht-Löschen vor, nicht bei Löschen. Zudem bleibt die grundlegende Kritik bestehen, dass es in einem Rechtsstaat „eigentlich“ einem Richter überlassen bleibt, darüber zu entscheiden, ob eine Aussage vom Recht auf freie Meinungsäußerung abgedeckt ist oder eine Beleidigung oder gar eine Volksverhetzung darstellt.

Alle diese Maßnahmen zusammen haben allem Anschein nach zum vorübergehenden Börsencrash von Meta (damals Facebook) im ersten Halbjahr 2018 geführt. Grund zur Sorge – oder Häme, je nach Standpunkt – besteht aber nicht.

Um die damals schlechten Nachrichten zu kaschieren, präsentierte der Konzern erstmals eine neue Kennzahl: Demnach nutzen 2,5 Milliarden Menschen jeden Tag eine der drei Konzern-Apps. Zum Zuckerberg-Konzern gehören nämlich neben Facebook auch noch das Bilder-Netzwerk Instagram und vor allem der Messenger-Dienst WhatsApp. Oder anders ausgedrückt: Ein einziger Konzern erreicht täglich mehr als die Hälfte der Menschheit und beherrscht die drei wichtigsten Kommunikationsdienste auf unserer Erde. Gesteuert von einer einzigen Person, nämlich Mark Zuckerberg.

Meta, damals noch Facebook, nutzte die Milliarden aus dem Stammgeschäft ausgesprochen intelligent und verleibte sich WhatsApp und Instagram ein. Das Drei-Applikationen-Modell garantiert die Stabilität des Digitalimperiums, selbst wenn eine Säule davon mal nicht so gut läuft. Ernsthafte Konkurrenz hat der Kommunikationskonzern nicht. Die WhatsApp-Gründer, die mit der Übernahme zu Facebook bzw. Meta wechselten, sind übrigens schon kurz darauf wieder von Bord gegangen. Metas Strategie passte dem Vernehmen nach nicht zu ihren Vorstellungen vom Datenschutz auf hohem Niveau und dem Verzicht auf zielgerichtete – also überwachte – Werbung.

Spionage als Geschäftsmodell

Man muss sich klar machen: Die beiden zu Milliardenkonzernen gewachsenen Platzhirsche im Digitalmarkt – Meta und Google – verkaufen keine greifbaren Produkte und erbringen auch keine Dienstleistungen im klassischen Sinne. Vielmehr organisieren sie die Daten, die ihnen andere mehr oder minder freiwillig selbst zur Verfügung stellen. Das Google-Prinzip bestand praktisch von Anfang an darin, das World Wide Web durch Computerprogramme nach neuen Webseiten zu durchforsten und mit Schlagworten zu kennzeichnen. Die Betreiber dieser Webseiten wurden und werden nie gefragt, ob sie damit einverstanden sind, und sie erhalten keinerlei Bezahlung dafür. Diese Schlagworte nutzt Google, um bei Anfragen nach diesen Begriffen auf die entsprechenden Webseiten zu verweisen. Die Bedeutung der Seiten für ein Thema leitet sich – vereinfacht ausgedrückt – durch die Tätigkeit der Nutzer selbst ab. Das bedeutet, je mehr Verweise auf einer Seite existieren und je häufiger eine Seite zum jeweiligen Thema aufgerufen wird, umso relevanter erfolgt die Einstufung. Den genauen Algorithmus des sogenannten Page Rankings, benannt nach dem Google-Mitgründer Larry Page, behandelt das Unternehmen als Betriebsgeheimnis.[73] Die Webseiten-Betreiber zahlen nicht für die Aufnahme in die Datensammlung, die Nutzer nicht für die Suche – wie also verdient Google eigentlich Geld? Die Antwort ist frappierend einfach und geradezu trivial: über Kleinanzeigen. Neben dem Page Ranking erscheinen, passend zum jeweiligen Suchbegriff, kleine Textanzeigen. Wer beispielsweise nach „Hausfinanzierung“ sucht, erhält von diversen Finanzinstituten Kleinanzeigen eingeblendet, die nichts mit der Bedeutung – der Relevanz – nach dem Page Ranking zu tun haben, sondern von den Anbietern schlichtweg bezahlt werden.

2020 beliefen sich die Online-Werbeumsätze allein von Google auf 146,9 Milliarden Dollar,[74] beinahe 30 Prozent mehr als im Jahr zuvor.[75] Das ist deutlich mehr als der gesamte deutsche Werbemarkt, der 2020 bei rund 45,9 Milliarden Euro lag,[76] ein Rückgang von etwa 4,8 Prozent gegenüber 48,3 Milliarden Euro 2019.[77]

Die WikiLeaks-Protokolle

Wie wenig die Staaten, denen wir unsere Daten anvertrauen (müssen), in der Lage sind, selbst ihre geheimsten Dokumente vor dem unberechtigten Zugriff zu schützen, verdeutlicht der Wikileaks-Fall. Die Webseite WikiLeaks wurde am 4. Oktober 2006 vom australischen Hacker und Politikaktivisten Julian Assange und einer kleinen Aktivistengruppe ins Leben gerufen, um als Veröffentlichungsplattform für Dokumente zu dienen, die eigentlich „streng geheim" sind. Der Clou bestand im anonymen Zugang: Wer in einem Unternehmen oder einer Behörde arbeitet und Missstände wahrnimmt, kann diese unter Wahrung seiner Anonymität an WikiLeaks zur Veröffentlichung geben, um die Missstände aufzudecken und dadurch hoffentlich abzuschaffen – so der Kerngedanke. In der Tat entwickelte sich WikiLeaks zu einer zentralen Sammelstelle für immerhin 1,2 Millionen Dokumente mit teilweise höchst brisanten Inhalten. Die Volksrepublik China, Israel, Nordkorea, Russland, Simbabwe, Thailand und die Türkei sperrten den Zugang zu WikiLeaks zeitweise, damit ihre Bevölkerung die skandalösen Enthüllungen nicht mitbekam.

Chelsea Manning mit 400.000 Geheimdokumenten

Am 5. Januar 2010 lud die IT-Spezialistin Chelsea Manning – damals noch männlich als Bradley Manning in den US-Streitkräften tätig – 400.000 geheime US-Dokumente über den Irakkrieg aus der CIDNE-Datenbank herunter und brannte sie auf CDs.[78] Drei Tage später fügte sie nochmals 91.000 Dokumente über Afghanistan hinzu. Laut Mannings Aussage geschah dies vollkommen einsehbar für jeden anderen Soldaten. Mindestens eine CD beschriftete sie mit „Lady Gaga“, um sie als Musik-CD zu tarnen. Die CDs nahm sie dann ohne irgendeine Kontrolle aus der Sicherheitszone mit. Von den CDs kopierte sie die Informationen auf die SD-Speicherkarte ihrer persönlichen Kamera, die sie Ende Januar 2010 auf einen zweiwöchigen Heimaturlaub in die USA mitnahm. Nach vergeblichen Kontaktaufnahmen mit den Tageszeitungen *Washington Post* und *New York Times* stieß sie rund um den 18. Februar 2010 auf WikiLeaks und übermittelte im Laufe der Zeit zahlreiche diplomatische Depeschen, darunter Dokumente über 303 Fälle von Folter durch die Besatzungstruppen im Irak im Jahr 2010. Ende November veröffentlichte sie auf WikiLeaks eine ganze Reihe entlarvender Depeschen US-amerikanischer Botschafter.

Die Nachrichten der US-Diplomaten bezogen sich auf 30 Länder bzw. Regionen: Ägypten, Afghanistan, Afrika, Bolivien, China, Dänemark, Deutschland, Großbritannien Indien, Iran, Irak, Israel, Italien, Japan, Jemen, Kirgisistan, Kongo, Kuba, Mexiko, Nicaragua, Nordkorea, Österreich, Russland, Saudi-Arabien, Schweden, die Schweiz, Sudan, Tunesien, die Türkei und die Vereinigten Arabischen Emirate sowie natürlich auf die USA selbst.

Die Brisanz diplomatischer Depeschen

Die Brisanz der für die Öffentlichkeit nicht bestimmten diplomatischen Depeschen lässt nichts zu wünschen übrig. Nachfolgend nur einige wenige Beispiele, um das Ausmaß klarzumachen:[79]

Biometrische Daten aus Afrika

Afrika: In einer Direktive von Hillary Clinton an ihre Diplomaten ordnet diese die Beschaffung biometrischer Daten über politische Führer der Länder Kongo, Uganda, Ruanda und Burundi an. Außerdem sollen bestimmte Gesichtspunkte, wie Gesundheitszustand und Meinung zu den USA festgehalten werden.

China spielt in 3.297 Dokumenten eine Rolle

China spielt in 3.297 Dokumenten eine Rolle. Eine Depesche vom Oktober 2008 zeigt Chinas Bereitschaft, US-Schulden als politisches Druckmittel über Waffenverkäufe nach Taiwan zu nutzen. China hat über die Jahre 900 Milliarden US-Dollar an Schuldscheinen aufgekauft. Nach dem Zusammenbruch von Lehman Brothers traf sich der stellvertretende Direktor Liu Jiahua des staatlichen chinesischen Devisenamtes mit dem Botschafter. Dabei äußerte er Bedenken über die Kreditvergabe an US-Banken, sowie über die Fähigkeit der USA ihre Schulden zu bezahlen. Der Verkauf von Waffen an Taiwan mache es schwieriger für die chinesische Regierung ihre Politik in der Öffentlichkeit zu rechtfertigen. Ein Chinese kontaktierte die US-Botschaft in Peking mit der Information, dass das Politbüro der Kommunistischen Partei verantwortlich sei für die Anstiftung des Google Hack-Zwischenfalls im Januar 2010, welcher ein Teil einer breiteren „koordinierten Kampagne von Computersabotage sei, durchgeführt von Regierungsteilen, privaten Sicherheitsexperten und Internet-Hackern, die von der chinesischen Regierung" rekrutiert worden seien, um die USA und ihre westlichen Verbündeten anzugreifen.

Informationen aus Deutschland

Es befinden sich unter den Dokumenten 1.719 Berichte und Lagebeurteilungen der US-Botschaft in Berlin. Im Zusammenhang mit der Bundestagswahl 2009 sind viele Einschätzungen über deutsche Politiker entstanden. Eine Depesche vom 9. Oktober 2009 berichtete, dass Informationen und Dokumente aus den Koalitionsverhandlungen des Kabinetts Merkel, im Besonderen über die Pläne von Guido Westerwelle zur Beendigung der nuklearen Teilhabe, an die Berliner US-Botschaft gingen. Auch früher sollen schon interne FDP-Parteidokumente übermittelt worden sein. Der Informant wurde als „junger, aufstrebender Parteianhänger" der FDP bezeichnet. Im Interview rechtfertigt der Botschafter Philip D. Murphy dies als normale diplomatische Arbeit. Am 2. Dezember 2009 stellte sich heraus, dass es sich bei dem Mann um Helmut Metzner, den Büroleiter Westerwelles, handelte. Die FDP erklärte: Es hat sich „ein für die internationalen Kontakte zuständiger Mitarbeiter der FDP-Bundesgeschäftsstelle offenbart, der auf Bitten der Botschaft in eigener Verantwortung und im Rahmen seiner Tätigkeit wie zahlreiche Mitarbeiter anderer Parteien auch mit der US-Botschaft im Gesprächskontakt stand und frei zugängliche Auskünfte erteilte.“[80]

Metzner wurde zuerst von seinem Posten suspendiert, und wenige Tage später wurde das Ende seines Arbeitsverhältnisses bekannt. Aus mehreren Depeschen aus dem Jahr 2009 wurden Details über das Satellitenprojekt HiROS bekannt. Die Satelliten sollen sowohl zur Umweltüberwachung und zum Katastrophenschutz als auch als Spionagemittel des deutschen Bundesnachrichtendienstes und der US-Regierung genutzt werden. Aus den Depeschen geht hervor, dass der Bundesnachrichtendienst Hauptkunde bei dem Projekt war. Ihm wurden 30 Prozent der geplanten Kapazitäten zugeschrieben. Die US-Botschaft in Berlin wertete das HiROS-Projekt als Versuch, „Frankreichs Dominanz auf dem lukrativen und wachsenden Weltmarkt für Satellitendaten herauszufordern“. Nach Bekanntwerden der Depeschen wollte die Bundesregierung das Projekt nicht mehr mit einer dreistelligen Millionensumme unterstützen, wie es ursprünglich geplant war.

Windstelle in Österreich

1.700 Depeschen kommen aus der Botschaft der Vereinigten Staaten in Wien. Eine Depesche berichtet über die „Windstille" in Österreichs Außenpolitik. Bundeskanzler Faymann, Außenminister Spindelegger sowie Verteidigungsminister Darabos werden darin scharf kritisiert. Zudem soll die österreichische Bank Raiffeisen Investment Holding AG in einer Geschäftsbeziehung zum osteuropäischen Mafiaboss Semjon Mogilewitsch stehen. Auch die seit 2007 zur UniCredit Group gehörende Bank Austria soll verdächtige Transaktionen zugunsten Nordkoreas und der Hamas-nahen Organisation „Palästinensische Vereinigung in Österreich" durchgeführt haben.

Darüber hinaus soll es in periodischen Abständen hohe Zahlungen an die iranische Nationalbank gegeben haben, welche mit dem iranischen Atomprogramm in Verbindung gebracht werden. Österreichische Firmen, allen voran ein 24-jähriger Unternehmer aus der Steiermark, sollen auch den Iran mit Waffen und sensiblen Hightechkomponenten (sogenannte Dual-Use-Güter) für das iranische Raketen- und Atomprogramm versorgt haben. Heimische Ministeriumsmitarbeiter hätten allerdings mit dem britischen Auslandsgeheimdienst und den US-Behörden kooperiert und die US-Botschaft „heimlich über bereits beantragte Waffenexporte" informiert.

Brisantes aus der Schweiz

Aus den Depeschen wird deutlich, dass die Libyen-Affäre um die beiden Schweizer Geiseln, die fast zwei Jahre lang in Libyen festgehalten wurde, weitaus brisanter war als zuvor angenommen. Die Schweiz wollte ihr Vetorecht als Schengen-Mitglied nutzen und somit Mitgliedern des libyschen Regimes die Einreise nach Europa zu verwehren. Allerdings lehnten Staaten wie Portugal oder Italien den politischen Gebrauch des Vetos ab und leisteten den Schweizern kaum noch Hilfe. Als Libyen im Gegenzug allen Bürgern aus Schengen-Staaten die Einreise verweigerte, drohte aus der schweizerisch-libyschen eine gesamteuropäische Affäre zu werden. Der US-Botschafter in der Schweiz sprach von einer „hochkarätigen Krise“ und dass Deutschland das einzige EU-Land sei, das noch hinter der Schweiz stehe.

Über 11.000 Depeschen aus der Türkei

11.086 Depeschen (!) beziehen sich auf die Türkei. Demnach hegen die US-Diplomaten erhebliche Zweifel an der Verlässlichkeit der Türkei. Es bestünde die Sorge, dass sich das Land immer weiter vom Westen entferne. Der damalige Außenminister Ahmet Davutoğlu übe einen islamistischen Einfluss auf Ministerpräsident Recep Tayyip Erdoğan aus, der sich nahezu ausschließlich über islamistische Zeitungen informiere. Außerdem behauptet der ehemalige Botschafter in der Türkei, Eric Edelman, Erdoğan verfüge über acht Konten bei Banken in der

Schweiz. In einer Depesche aus 2006 wird berichtet, dass die Türkei von 2002 bis Februar 2006 die Erlaubnis gab, die Incirlik Air Base als Auftankstopp für Gefangenentransportoperationen der Operation Fundamental Justice zu verwenden. Offiziell hatte die Türkei das stets abgestritten.

Nachrichten aus den USA

Besonders aufschlussreich sind die Nachrichten und Einschätzungen der US-Diplomaten über das eigene Land. So hat sich die Drogenbekämpfungsbehörde (DEA) mehreren Depeschen zufolge zusehends zu einer globalen Organisation entwickelt, deren Arbeit immer mehr traditionellen Nachrichtendiensten ähnelt. Im August 2009 hat der panamaische Staatschef Ricardo Martinelli dem US-Botschafter in seinem Land eine Nachricht geschickt. „Ich brauche Hilfe, um Telefone anzuzapfen" schrieb Martinelli und bat die DEA um Unterstützung beim Vorgehen gegen seine politischen Rivalen. Ein ähnliches Hilfegesuch stellte die Regierung Paraguays Anfang 2010.

EU, UNO, NATO und die Katholische Kirche

Auch große Organisationen standen offenbar im Fokus der US-Diplomaten, wie die Enthüllungen auf WikiLeaks zutage förderten. Darunter waren die Katholische Kirche, die EU, die NATO und die UNO. So ordnete die US-Außenministerin Hillary Clinton in einer Direktive an ihre Diplomaten die Beschaffung der DNA des damaligen amtierenden UN-Generalsekretärs Ban Ki-moon an. Außerdem sollten Details zu Telekommunikationsinfrastruktur, Passwörter, Verschlüsselungs-Keys für VPN, die UN-Mitarbeiter zur offiziellen Kommunikation nutzen, sowie Kreditkarten- und Vielfliegernummern beschafft werden.

Knallharte US-Diplomatie

Diese wenigen Auszüge lassen erkennen, wie wichtig es für die USA gewesen wäre, dieses Material vor einer Veröffentlichung zu schützen. Indes, es ist ihnen nicht gelungen. Ganz nebenbei zeigen die Depeschen im Übrigen eine deutliche Kontinuität bei den Zielen amerikanischer Außenpolitik. Was sich unter Präsident Barack Obama zu verschieben schien, waren die Methoden: Während Präsident Georg Bush eher auf einen für jedermann sichtbaren „knallharten Diplomatiekurs" setzte, ging sein Nachfolger deutlicher raffinierter vor, charmant und verhandlungsstark nach außen hin, aber durchaus unnachgiebig und skrupellos in der Sache. Genau dieses Verhalten war auch im NSA-Abhörskandal zu beobachten.

35 Jahre Freiheitsstrafe

Im April 2011 kam es zur Offenlegung von weiteren Informationen auf WikiLeaks, unter anderem über das Gefangenenlager Guantanamo. Chelsea Mannings wurde bereits im Mai 2010 verhaftet und Ende Juli 2013 zu 35 Jahren Freiheitsstrafe verurteilt. Am 17. Januar 2017 erließ US-Präsident Barak Obama den Großteil des Strafmaßes und seit 17. Mai 2017 war Chelsea Mannings beinahe zwei Jahre auf freiem Fuß. Am 8. März 2019 wurde sie wieder inhaftiert, bis sie im März 2020 aus der Beugehaft entlassen wurde und seitdem in Freiheit lebt.[81]

Julian Assange – eine Tragödie

WikiLeaks-Gründer Julian Assange lebte seit August 2012 sieben Jahre lang als politischer Flüchtling in der Botschaft Ecuadors, nachdem ein internationaler Haftbefehl gegen ihn erlassen wurde. Die polizeiliche Verfolgung geht auf Vergewaltigungsvorwürfe aus Schweden im Herbst 2010 zurück. Assange sprach von einem Komplott gegen ihn, um ihn an die US-Behörden auszuliefern und zu verurteilen. Immerhin hat er mit der Veröffentlichung zahlreicher kompromittierender Dokumente auf WikiLeaks den USA schwersten Schaden zugefügt und zugleich der Welt die Augen über die wahren Motive und das skrupellose Vorgehen der Vereinigten Staaten von Amerika geöffnet. Am 19. Mai 2017 gab die schwedische Staatsanwaltschaft die Einstellung des Verfahrens bekannt. Im April 2019 wurde Assange in der Botschaft von der britischen Polizei festgenommen und zu einer Haftstrafe von fünfzig Wochen verurteilt. Die Vereinigten Staaten haben Großbritannien um seine Auslieferung ersucht. Auf alle Anklagepunkte der US-Anklageschrift steht eine Maximalstrafe von 175 Jahren Haft, schlimmstenfalls sogar die Todesstrafe.[82] 40 Menschenrechtsorganisationen forderten die britische Regierung auf, Assange unverzüglich freizulassen und seine Auslieferung an die USA zu verhindern.[83] Doch wer den Staat derart vorführt wie Julian Assange, darf wohl nicht auf Gnade hoffen.

Die gefährlichste Website der Welt

Julian Assanges Mitstreiter Daniel Domscheid-Berg veröffentlichte das autobiografische Buch „Inside WikiLeaks: Meine Zeit bei der gefährlichsten Website der Welt“ (englischer Titel „Inside WikiLeaks, My Time with Julian Assange at the World‘s Most Dangerous Website“), aus dem hervorgeht, dass es die WikiLeaks-Story mit jedem Politik-Thriller aufnehmen kann.

Am Ende bleibt hängen: Die USA und weitere Staaten haben alles unternommen, um zu verhindern, dass ihre geheimsten Dokumente an die Öffentlichkeit gelangten – vergeblich. Ob sich die Behörden ebenso anstrengen, wenn es um den Schutz der Daten ihrer Bürger geht, darf bezweifelt werden. So oder so – ein wirklicher Schutz ist offenbar unmöglich.

Edward Snowden im Interview

Die Journalisten Alan Rusbridger und Ewen MacAskill haben über sieben Stunden lang ein denkwürdiges Interview mit Edward Snowden geführt, das am 18. Juli 2014 erschien. Die Transkription des Gesprächs umfasst dabei insgesamt 17 Seiten. Um die Hintergründe und Motive, aber auch die Zukunft der digitalen Spionage zu verstehen, ist eine Auseinandersetzung mit dem Interview äußerst hilfreich. Es wird daher nachfolgend in deutscher Übersetzung gegliedert und um Zwischenüberschriften ergänzt gekürzt wiedergegeben.[84]

Edward Snowden in Hongkong

Das Timing war sorgfältig vorbereitet und orchestriert. Die Aktion wäre nicht gefährdet gewesen, wenn ich nicht überlebt hätte. Die Übergabe an die Journalisten war nicht mehr zu stoppen, es sei denn, die Journalisten hätten es absichtlich an die Regierung weitergegeben.

Ich habe meine Spuren nicht verwischt. Ich habe lediglich probiert, im Vorfeld meiner Reise nicht erkannt zu werden, weil ich nicht wollte, dass man mir etwas verbietet. Andererseits wollte ich ihnen schon klarmachen, wo ich mich befand, sie sollten es wissen. Dann heißt es gleich: „OK, der Junge ist nicht da, wo er sagt, dass er sein sollte. Er sollte medizinisch behandelt werden.

Warum zum Teufel ist er in Hongkong?“ Ich wollte nicht, dass sie im Vorgriff versuchen, eine Spionage-Geschichte daraus zu machen. Daher war ich wegen all dieser Verzögerungen besorgt. Dazu ist zu sagen, dass ich nichts von Pressearbeit kannte, ich hatte zuvor noch nie mit einem Journalisten gesprochen ... Ich war in der Hinsicht jungfräulich.

Es war eine nervtötende Zeit. Ich hatte keine Vorstellung von der Zukunft, aber es ging mir gut, da ich wusste, dass die Wahrheit herauskommen würde. Es war mir wichtig, dass sie so gut wie möglich erscheint und daher wollte ich keine Fehler machen. Ich nannte das damals zero fuck-ups policy, also keine Zeit für Fehler.

Verteilung der Dokumente in verschiedene Länder

Es handelt sich dabei um das Konzept der Herdenimmunität. Die einen bieten Sicherheit für die anderen. Es wird sehr schwierig, die Aktion zu unterminieren, wenn die Dokumente über verschiedene Rechtssysteme hinweg verteilt werden. Das konnte keiner stoppen. Allerdings bin ich Ingenieur und hatte daher stets große Angst vor der einen nicht sicheren Schwachstelle, dem „single point of failure“.

Zu den Journalisten habe ich gesagt: „Wenn die Regierung der Meinung ist, dass Sie der single point of failure sind, dann werden sie Sie töten.“

Das letzte Jahr

Es kam unerwartet und herausfordernd, aber es macht Mut. Die Reaktion der Öffentlichkeit hat mich gestärkt. Wenn ich die Reaktionen von Parlamentsabgeordneten, Richtern und Behörden überall auf der Welt erlebe, und Bürgerrechtsaktivisten sagen, dass es richtig ist, dass wir wenigstens im Wesentlichen wissen sollten, was unsere Regierungen in unserem Namen und gegen uns tun, dann hat es mein Handeln gerechtfertigt. Es ist der größte Lohn für meine Arbeit in meinem bisherigen Leben, ein Teil und sei es auch nur ein kleiner Teil davon zu sein.

Das Weiße Haus hat die Programme zur Massenüberwachung aus zwei voneinander unabhängigen Gründen geprüft und in beiden Fällen erklärt, dass sie keinen Wert haben. Obgleich beide Untersuchungen empfahlen, sie einzustellen, und den Gesetzgeber zum Handeln aufforderten, war es eben diese Gesetzgebung, die dann sagte: „Ach, stoppen wir die Programme doch nicht. Obwohl sie zehn Jahre laufen und nicht einen einzigen bevorstehenden Terroranschlag verhindert haben – egal, lassen wir sie weiterlaufen."

Das Leben bei der NSA

Meine Entwicklung verlief von der bloßen Bedienung der Systeme zur aktiven Steuerung der Nutzung. Viele Leute verstehen nicht, dass ich als Analyst darüber entschieden haben, welche Personen und Personenkreise verfolgt werden sollten.

Ich erfuhr von vorherigen Programmen wie zum Beispiel Stellar Wind [das während der Amtsdauer von Ex-Präsident George W. Bush zum Einsatz kam]. Das Anzapfen der Leitungen jedes einzelnen Bürgers der USA ohne jede gesetzliche Grundlage, einschließlich der Internetdaten – eine Verletzung gegen Verfassung und Gesetze der USA – verursachte einen Skandal und wurde deswegen beendet.

Der erschütternde Moment kam, als mir klar wurde, dass die offiziellen Stellen, die diese Programme autorisierten, wussten, dass es ein Problem gab, sie wussten, dass sie nicht die gesetzlichen Befugnisse hatten für diese Programme. Aber die Regierung werkelte im Geheimen, um eine neue Exekutivgewalt einzurichten ohne jede öffentliche Wahrnehmung oder gar eine öffentliche Zustimmung, und sie nutzte sie gegen die Bevölkerung ihres eigenen Landes, um die eigene Macht zu stärken und besser Bescheid zu wissen.

Wir hören überall „national security", nationale Sicherheit, aber wenn der Staat beginnt, ... in großem Stil die Kommunikation abzuhören, sie ohne jede Grundlage, ohne jeden Verdacht, ohne jeden juristischen Beistand, ohne jede Erklärung der möglichen Hintergründe an sich zu reißen, schützt er dann wirklich die nationale Sicherheit, oder schützt er die Sicherheit des Staatsapparates?

Ich bekam den Eindruck – und ich denke, dass immer mehr Menschen zumindest diese Möglichkeit erkannt haben, – dass ein System, welches als „national security agency“ beschrieben wird, aufgehört hat, im öffentlichen Interesse zu handeln, und stattdessen begonnen hat, die Interessen der Staatssicherheit zu schützen und zu begünstigen. Der Gedanke, dass eine westliche Demokratie Staatssicherheitsämter hat, alleine dieser Begriff, dieses Wort „Staatssicherheitsamt“, lässt einen erschrecken.

Wenn wir an die Nation denken, an unser Land, an unsere Heimat, denken wir an die Menschen, die dort leben, an ihre Werte. Wenn wir an den Staat denken, denken wir an eine Institution.

Der Unterschied besteht darin, dass wir jetzt eine Institution haben, die sich als derart mächtig erachtet, dass sie sich dabei wohlfühlt, sich selbst mit neuen Rechten auszustatten, ohne Einbeziehung des Landes, ohne Einbeziehung der Öffentlichkeit, ohne vollständige Einbeziehung unserer gewählten Repräsentanten und ohne die vollständige Einbeziehung der Gerichte, das ist beängstigend – jedenfalls für mich.

Im Wesentlichen sind es nicht die Menschen auf der Arbeitsebene, um die man sich Sorgen machen muss. Es sind eher die höheren Offiziellen, die Entscheidungsträger, welche von der Rechenschaftspflicht entbunden werden, die keiner Aufsicht mehr unterliegen und die Entscheidungen treffen dürfen, die das Leben von uns allen beeinflussen, ohne jede öffentliche Einflussnahme, ohne öffentliche Debatte und ohne Konsequenzen bei den

Wahlen, weil ihre Entscheidungen und deren Folgen nicht bekannt werden.

Dank des technologischen Fortschritts, Speicherkapazität wird jedes Jahr billiger und billiger, und sobald unsere Möglichkeiten zur Datenspeicherung schneller sind als der Aufwand, diese Daten zu generieren, werden wir zusehends in die Lage versetzt, Daten nicht mehr nur kurzzeitig zu speichern, sondern sie über immer längere Zeiträume aufzubewahren. Bei der NSA zum Beispiel werden Daten zu einzelnen Personen fünf Jahre lang festgehalten. Das passiert, ohne eine Ausnahmegenehmigung einzuholen, um den Zeitraum sogar noch auszuweiten.

Wir bekommen eine große Anzahl junger Menschen vom Militär, die, ohne dass es ihr Fehler wäre, ... bisher vielleicht noch nicht so viel Lebenserfahrung gesammelt haben, um zu erkennen, wenn sie missbraucht werden. Wenn wir die Gefahren und die Risiken des Missbrauchs unserer Privatsphäre und unserer Freiheiten noch nicht selbst erlebt haben, wie können wir erwarten, dass diese Menschen unsere Interessen bei der Ausübung ihrer Ämter auf vernünftige Art und Weise berücksichtigen?

Die Stasi

Es hat, soweit wir wissen, noch kein System der Massenüberwachung in irgendeiner Gesellschaft gegeben, das nicht missbraucht worden wäre. Wenn wir zum Beispiel die deutsche Stasi anschauen, es wurde ein Amt für Staatssicherheit gegründet, um die Nation, die Stabilität des politischen Systems zu beschützen, von der sie meinten, sie sei bedroht. Sie waren normale Bürger wie jeder andere auch. Sie glaubten, dass sie das Richtige tun, waren der Überzeugung, etwas Gutes zu tun. Aber wenn wir es aus geschichtlicher Perspektive betrachten, sehen wir es klarer: Was haben sie mit ihrem eigenen Volk getan? Was haben sie mit den angrenzenden Ländern gemacht? Was waren die Folgen ihrer massenweisen, wahllosen Spionageaktivitäten?

Die NSA und die TK-/Internetfirmen

Die Einzelheiten der finanziellen Vereinbarungen zwischen der Regierung und den Telekommunikationsanbietern wurden, was ungewöhnlich ist, selbst vor den Menschen geheim gehalten, die für diese Firmen arbeiteten. Wir müssen uns fragen: warum? Warum werden die Details darüber, wie ihre Zusammenarbeit bezahlt wird, strenger unter Verschluss gehalten als die Namen von Undercover-Agenten, die in Terroristengruppen eingeschleust sind?

Prism [das Programm zur Regelung der Beziehungen der NSA und den Internetfirmen] funktioniert so, dass die NSA direkten Zugang zu den Inhalten der Server dieser privaten Unternehmen hat. Das bedeutet nicht, dass die Unternehmen oder die Geheimdienste auf Ihre Daten zugreifen können, sondern es bedeutet, dass Facebook der Regierung erlaubt, Kopien Ihrer Facebook-Nachrichten, Ihrer Skype-Unterhaltungen, Ihrer Gmail-Mailboxen etc. zu machen.

Das ist etwas anderes, als wenn die Regierung sich eigenen Zugang verschafft – sogenannte Upstream-Operationen – über den sie die Hauptleitungen anzapft, auf denen diese Kommunikationen verlaufen, und sie im Durchfluss abfischt. Sie gehen stattdessen auf die Unternehmen zu und fordern: „Gebt uns dies. Gebt uns das." Die Unternehmen geben ihnen all diese Informationen in kooperativer Zusammenarbeit.

Wenn Facebook alle Ihre Nachrichten, alle Ihre Pinnwand-Einträge, alle Ihre privaten Fotos und alle Ihre privaten Einzelheiten von seinen Servern übergibt, braucht die Regierung nicht all die Übertragungen abzuhören, mit denen diese privaten Daten erstellt werden.

Warum Regierungen Verschlüsselung nicht mögen

Die wichtigsten Ressourcen bei Ermittlungen zur Strafverfolgung und bei der Informationsgewinnung für Geheimdienste sind solche, die nicht gelöscht werden... in der Presse, das heißt gezielte Ausspähung von Computern. ... Es gibt ein weltweites Netzwerk das geografisch verteilt ist über alle Länder der Welt, unter allen Ozeanen der Welt.

Die Regierung behauptet, sie müsse in der Lage sein, diesen gesamten Datenaustausch abzuhören ... Aus diesem Grund mag sie den Einsatz von Verschlüsselung nicht. Sie sagt, dass sowohl Verschlüsselung, die die Privatsphäre von einzelnen Menschen gezielt schützt, als auch solche, die im Gegensatz dazu vertrauli-

che Daten auf breiterer Basis schützt, dass Verschlüsselung per se gefährlich ist, weil sie dadurch die Möglichkeit zur Überwachung der Kommunikation aus der Mitte heraus verliert.

Tatsächlich hat jede Kommunikation einen Ursprung und ein Ziel. Diese beiden Eckpfeiler sind Computer, Apparate, Mobiltelefone oder Laptops, die sich hacken lassen. Die können ausspioniert werden, um Strafverfolgungsbehörden und Geheimdiensten unmittelbaren Zugriff auf diese Systeme zu geben und den Datenaustausch mitzulesen.

Die unangemessene Kontrolle der NSA

Ein 29-Jähriger kam zur NSA und er marschierte mit sämtlichen privaten Aufzeichnungen der meisten Menschen auf diesem Planeten wieder hinaus. Was sagt das über ihre Kontrolle aus? Sie wussten es nicht einmal.

Die Menschen sprechen über die Dinge, die sie nicht hätten tun sollen, als ob es eine Kleinigkeit wäre, weil niemand irgendwelche Konsequenzen erwartet. Niemand geht davon aus, zur Rechenschaft gezogen zu werden. Es gibt keine Auditoren, die zu Dir kommen und etwas anderes treffen als Freunde. Wenn Du Dich selbst kontrollierst, mit welchen tatsächlichen Konsequenzen ist zu rechnen?

Die Wahrheit bei der Arbeit in der Welt der Geheimdienste ist, dass man fortlaufend zutiefst beunruhigende Sachen sieht. Ich habe Bedenken über diese Programme regelmäßig und in einem weiten Kreis geäußert, konkret gegenüber mehr als zehn verschiedenen Kollegen, mit denen ich gearbeitet habe – und zwar Kollegen und Vorgesetzten. Ich ging zu ihnen und zeigte ihnen die Programme und sagte: „Was denkst Du davon? Ist das ungewöhnlich? Wie können wir das tun? Ist das nicht gegen die Verfassung? Ist das keine Verletzung von Rechten?“ Und „Warum belauschen wir mehr amerikanische Kommunikation als russische?“

Die Leute, die das Personal für diese Geheimdienstbüros auswählen, sind ganz normale Menschen wie du und ich. Sie sind keine schnurrbartzwirbelnden Bösewichte, die „ha, das ist großartig!“, ausrufen, sie reden so: „Du hast recht. Das überschreitet eine Grenze, aber du solltest besser nichts darüber sagen, denn dann ist deine Karriere beendet.“

Wir alle haben Hypotheken. Wir alle haben Familien. Und wenn du für ein nationales Sicherheitssystem tätig bis mit diesen offiziellen Geheimhaltungsregeln, dann bedeutet dies, selbst wenn du zu einem ausgewählten Kongressabgeordneten gehst, und zwar einem, den ein Reporter ausgesucht hat, nicht einem, den einer aus der Geheimdienstgemeinde ausgewählt hat, die die Missetaten zu verantworten hat, dann heißt das, dass du dafür angeklagt werden kannst. Und falls du nicht angeklagt wirst, kannst du deinen Job dadurch verlieren.

Ich war ein privater Auftragnehmer, kein direkter Angestellter der National Security Agency. Das hat zur Folge, dass die weni-

gen Schutzbestimmungen für Whistleblower, die wir in den USA haben, für mich nicht galten. Ich hätte gefeuert werden und keine Klage dagegen führen können. Ich hätte ins Gefängnis geworfen werden können. Wer für diese Behörden arbeitet, ist sich dessen bewusst.

Metadaten

Man unterscheidet normalerweise Metadaten vom Inhalt. Wir verstehen unter Metadaten die Details des Anrufs – wann man anrief, wen man anrief, wann der Anruf zustande kam, wie lang er dauerte – im Gegensatz zum Inhalt des Anrufs – also was gesagt wurde. Als Analyst interessiert einen in neun von zehn Fällen bis gegen Ende der Untersuchungskette nicht, was am Telefon gesagt wurde. Man kümmert sich um die Metadaten, denn die lügen nicht.

Menschen lügen am Telefon, wenn sie an kriminellen Aktivitäten beteiligt sind. Sie gebrauchen Codewörter. Sie reden um den heißen Brei herum. Man kann sich nicht auf das verlassen, was man hört, aber man kann den Metadaten vertrauen. Deshalb sind Metadaten oft zudringlicher.

Metadaten sind so wie die Details, die ein Privatdetektiv . . im Zuge seiner Ermittlungen herausfindet. Er kann Ihnen zum Beispiel zu einem Abendessen folgen, bei dem Sie einen Freund treffen, oder eine Geliebte. Er sieht, wen Sie treffen, wo Sie sich getroffen haben, er sieht, wann Sie da hingegangen sind und er kennt vielleicht auch die groben Details der Themen Ihrer Unterhaltung, aber er wird nicht den ganzen Inhalt mitbekommen haben. Er wird nicht nah genug herangekommen sein und sich zu erkennen geben haben, um alles zu hören, was sie gesagt haben.

Mit diesen Programmen war es so, dass es Regierungen, zum Beispiel des UK, der Vereinigten Staaten und andere westliche Regierungen, und auch weniger verantwortliche Regierungen überall auf der Welt, auf sich genommen haben, Privatdetektive auf jeden einzelnen Bürger in ihrem Land anzusetzen, und, soweit es ging, auf der ganzen Welt. Das geschieht automatisch, ist allgegenwärtig, und es wird in Datenbanken gespeichert, ob es notwendig ist oder nicht.

Edward Snowden über Deutschland

Ich finde es bedauerlich, dass in einigen Ländern – und das ist vor allem in Westeuropa sehr weit verbreitet – die Prioritäten der Regierungen sich sehr stark von denen der Bevölkerung unterscheiden. Ich finde es bedauerlich, wenn zum Beispiel in Deutschland herausgekommen ist, dass die NSA Millionen deutscher Bürger ausgespäht hat ... und dass das kein Skandal ist. Aber wenn Angela Merkels Mobiltelefon abgehört wird und sie selbst zum Opfer wird, dann ändert sich das auf einmal.

Wir sollten hohe Amtsträger nicht abgehoben sehen. Wir sollten Führer nicht über den durchschnittlichen Bürger erheben, denn für wen arbeiten die denn schließlich? Wissen Sie, das öffentliche Interesse ist das Staatsinteresse. Wissen Sie, die Prioritäten der NSA sollten nicht Vorrang haben vor den Bedürfnissen der deutschen Bevölkerung.

Es besteht immer mehr Einigkeit, dass der Status quo nicht länger zu halten ist, dass sich Dinge ändern müssen und dass die Öffentlichkeit mitreden können muss über die Art und Weise, wie die Regierung ihren Überwachungsapparat betreibt und darüber, wo die Grenzen um unsere Rechte gezogen werden.

Ich finde es überraschend, dass sie mich in Deutschland gebeten haben, als Zeuge auszusagen und ihnen bei den Ermittlungen zur Massenüberwachung zu helfen, mir aber gleichzeitig die Einreise nach Deutschland untersagt haben. Das hat zu der außergewöhnlichen Situation geführt, in der die Suche nach der Wahrheit den politischen Prioritäten untergeordnet wurde ... Ich denke, das erweist der Bevölkerung einen schlechten Dienst. ... Das ist wahrscheinlich zu politisch. Ich hasse Politik. Wirklich, wissen Sie, ich will sagen, es geht nicht um mich. Ich hoffe, Sie können den Unterschied sehen.

Gefährdung der Sicherheit des ganzen Netzes

Eine Backdoor, Hintertür, in einem Kommunikationssystem, in einem Internetsystem oder in einem Verschlüsselungsverfahren ist im Grunde ein geheimes Verfahren, um die Sicherheit dieser Systeme zu umgehen. Es ist ein Weg, alle Datenschutz-

und Sicherheitsversprechen zu umgehen, die ein Unternehmen oder ein Verfahren den Menschen gibt, die ein Produkt oder einen Dienst nutzen.

Die Gefahr des Einbaus solcher Backdoors, auf denen das ganze Internet basiert, beispielsweise des Bullrun-Programms, bei dem sich herausgestellt hat, dass NSA und GCHQ zusammenarbeiten und die Verschlüsselungsmethoden schwächen, besteht darin, dass, wenn Sie online auf Ihr Bankkonto zugreifen, dort eine versteckte Schwäche bestehen könnte, die es den Geheimdiensten der westlichen Regierungen erlaubt, Ihre Kontodetails mitzulesen.

Was viele oft übersehen, ist die Tatsache, dass, wenn man eine Backdoor in ein System einbaut, diese von jedem auf der Welt entdeckt werden kann. Das kann eine Privatperson sein, ein Sicherheitsforscher an einer Universität, aber auch eine kriminelle Bande. Es kann auch ein fremder Geheimdienst sein, sagen wir ein der NSA entsprechender Dienst einer zutiefst unverantwortlichen Regierung in irgendeinem fremden Land. Und dieses fremde Land kann jetzt nicht nur Ihre Bankdaten genau untersuchen, nicht nur Ihre privaten Geschäfte, sondern Ihre gesamte Kommunikation im Internet und in jeder Institution ..., die diese Standards verwendet, ob es Facebook ist, Gmail, Skype oder Angry Birds. Auf einmal sind Sie elektronisch nackt, während Sie im Internet Ihre Aktivitäten erledigen.

Diese Entscheidung wurde nicht in einer öffentlichen Einrichtung diskutiert, sie wurde von keinem Gesetzgeber legitimiert. Jedenfalls haben, wenigstens in den USA in den 1990ern, Strafverfolgungsbehörden speziell um diese Art von Backdoor-Zugang zu Internet- Datenübertragungen gebeten. Und unsere gewählten Repräsentanten im Kongress haben sie abgelehnt. Sie sagten, es sei eine Verletzung unserer Bürgerrechte und ein unnötiges Risiko für unsere Kommunikation, und deshalb haben sie sie abgelehnt.

Jetzt sehen wir sie zehn Jahre später, anstelle wieder zum Kongress zu gehen und anzufragen, einfach daran vorbeigehen, und die Geheimdienstler ... sagen: „Wir machen das. Egal, was der Kongress sagt. Egal, was die Öffentlichkeit denkt. Wir tun dies, weil es uns einen Vorteil bringt.

Die daraus folgenden Konsequenzen sind heute unbekannt, denn fremde Widersacher könnten die Backdoors ausnutzen, die Geheimdienste in Ländern wie dem Vereinigten Königreich, wie der GCHQ, in unsere Kommunikationssysteme eingebaut haben ... und wir wissen nicht einmal, dass das geschieht.

Die Enthüllungen des letzten Jahres haben uns den unwiderlegbaren Beweis erbracht, dass unverschlüsselte Kommunikation im Internet nicht mehr sicher und vertrauenswürdig ist. Die Integrität ist kompromittiert, und wir brauchen neue Sicherheitsprogramme, um die Kommunikation zu schützen. Jede Kommunikation, die über das Internet übertragen wird, oder über jede andere Netzwerk-Leitung, sollte standardmäßig verschlüsselt werden. Das hat das letzte Jahr uns gelehrt.

Privatsphäre

Sicher können wir hypothetische Fälle konstruieren, bei denen eine Art von Massenüberwachungssystem etwa mit Gesichtserkennung einen Beitrag leistet zur Verhinderung von Straftaten. Genauso gut könnte man sich den hypothetischen Fall vorstellen, dass wir der Polizei freien Zutritt zu unseren Wohnungen gewähren, um alles zu durchsuchen, während wir bei der Arbeit sind, damit dadurch vielerlei Straftatbestände, Drogenkonsum und gesellschaftliche Missstände entdeckt würden. Aber wir ziehen die Grenze, wir müssen sie irgendwo ziehen. Die Frage ist, warum sollen unsere online übertragenen und auf unseren privaten Geräten gespeicherten persönlichen Daten anders sein als die Einzelheiten und privaten Aufzeichnungen, die wir in unseren Tagebüchern festhalten?

Es sollte keine Unterscheidung zwischen digitaler und gedruckter Information geben. Aber die Regierungen in den Vereinigten Staaten und vielen weiteren Ländern auf der Welt wollen zunehmend diese Unterscheidung machen, weil sie erkennen, dass das Ihre Ermittlungsmacht aktiv vergrößert.

Ob Technologie sich mit Privatsphäre verträgt

Absolut. Technologie kann die Privatsphäre verbessern, aber nicht, wenn wir in neue Anwendungsgebiete hinein schlafwandeln, ohne die Implikationen dieser Technologien zu beachten.

Jede neue Technologie erzeugt, sobald sie in einem bestimmten Maße angewendet und vernetzt wird, ein Netz neuer Sensoren in unserem Leben, die etwas erfassen – das können Wetteränderungen sein, unsere Telefongewohnheiten, die Art und Weise, wie wir einkaufen, Dinge, die wir mögen, die Temperatur, bei der wir gerne baden.

Wenn wir nicht an die Implikationen dieser Technologien denken, während wir sie entwickeln und anwenden, kann es gefährlich werden. In dem Maße, in dem unsere Erkenntnisse über Bedrohungen neuer Technologien wachsen, in dem Maße können wir diese Technologien mit eingebauten Schutzmechanismen versehen, die dafür sorgen, dass die Einzelheiten über uns, unser Leben, über die Art, wie wir leben, nur von denen gesehen werden, die wirklich Zugriff darauf haben sollen.

Die meisten vernünftigen Menschen stimmen der Aussage zu, dass Privatsphäre in Abhängigkeit zur Freiheit steht. Schaffen wir die Privatsphäre ab, machen wir uns weniger frei. Wenn wir in offenen und liberalen Gesellschaften leben wollen, brauchen wir sichere Orte, wo wir mit neuen Gedanken experimentieren können, mit neuen Ideen, und wo wir herausfinden können, was wir wirklich denken und woran wir wirklich glauben, ohne beur-

teilt zu werden. Wenn wir nicht die Privatsphäre unserer Schlafzimmer haben können, nicht die der Notizen auf unserem Computer, nicht die unserer elektronischen Tagebücher, dann haben wir überhaupt keine Privatsphäre.

Politik und die Kontrolle der Geheimdienste

Das ist wahrscheinlich ... der allerwichtigste Faktor, um das Scheitern der Kontrolle zu erklären, die wir in fast allen westlichen Regierungen sehen. Normalerweise sind es die ältesten Mitglieder der öffentlichen Verwaltungen, die die Geheimdienste kontrollieren, die Beamten, die schon länger dabei sind als die Möbel, auf denen sie sitzen. Und das ist so, weil man spürt, dass man diesen Menschen vertrauen kann, sie kennen sich aus, sie haben einen klaren Kopf.

Aber wir müssen den Maßstab der Fachkenntnis anlegen, denn die Technologie ist eine neue Art der Kommunikation, ein neues Alphabet von Symbolen, die die Menschen intuitiv verstehen müssen. Das ist wie etwas, das man lernt ... gerade so, wie man in der Schule Buchstaben schreiben lernt. Sie haben gelernt, wie man Computer nutzt, wie diese interagieren, wie sie kommunizieren. Und technische Fachkenntnis ist in unserer Gesellschaft eine knappe und wertvolle Ressource. Viele IT-Berater, die im Grunde nur Drucker reparieren, verdienen richtig gutes Geld, weil sich nicht jeder mit dem Zeug auskennt. Und das brauchen wir in der Regierung, wir brauchen Rechtsanwälte, wir brauchen Spezialisten, wir brauchen Experten, [die] diesen älteren

Bediensteten zuarbeiten und so weiter, und die könnten helfen und erklären und übersetzen, genau wie ein Dolmetscher.

Die entscheidende Frage ist: Wollen wir, dass die öffentliche Politik die Geheimdienste reglementiert, oder wollen wir, dass die Geheimdienste ihre eigene Politik machen, ihr eigenes Reglement, über das wir keine Kontrolle und keinen Überblick haben? Das ist, so meine ich, der entscheidende Unterschied.

Sein Leben in Russland

Ich bin in Russland viel glücklicher, als wenn ich einem unfairen Gerichtsprozess ausgesetzt wäre, in dem ich nicht einmal einer Jury aus Experten eine Verteidigung des Staatsinteresses präsentieren kann. Wir haben die Regierung wieder und wieder um einen fairen Prozess gebeten, aber sie haben abgelehnt. Und ich bin sehr froh, Asyl bekommen zu haben. Russland ist ein modernes Land, und es hat mich gut behandelt, also ja, ich lebe ein ziemlich normales Leben. Ich würde sehr gerne wieder reisen wie in der Vergangenheit. Ich würde gerne wieder nach Westeuropa reisen, aber das kann nicht ich entscheiden, das müssen das Volk und die Regierungen jedes einzelnen dieser unabhängigen Länder entscheiden.

Unter Beobachtung stehen

Ich erkenne keine bedrückende, aktive Überwachung, aber ich denke, es ist angemessen, anzunehmen, dass ich unter Beobachtung stehe. Jeder in meiner Lage wird sicher irgendwie überwacht, aber man trifft so gut man kann Vorkehrungen, um sicherzustellen, dass man selbst unter Beobachtung keine heiklen Informationen herausgibt.

Sollten wir Google mehr trauen als dem Staat?

Zunächst mal müssen Sie das nicht. Die Nutzung von Google geschieht freiwillig. Aber es stellt sich eine wichtige Frage. Und ich würde sagen, dass, obwohl da ein Unterschied ist – Google kann Sie nicht ins Gefängnis stecken, Google kann keine Drohne programmieren, eine Bombe auf Ihr Haus abzuwerfen – wir ihnen nicht trauen sollten, ohne zu überprüfen, welche Aktivitäten sie unternehmen und wie sie unsere Daten nutzen.

Wir sollten einen Zivilschutz etablieren, eine Art ziviler Maßnahmen, auf die wir zurückgreifen können und die überprüfen, wie Unternehmen unsere Daten nutzen. Und wir sollten wenigstens eine breite gesellschaftliche Übereinkunft darüber erzielen, wo die Grenze zu ziehen ist, ohne neue Geschäftsmodelle und Dienste unnötig zu beschädigen, die wir zwar heute noch nicht voraussehen können, morgen aber brauchen werden ... Ich nutze Google nicht. Ich habe Skype und Google Hangouts genutzt, die klasse sind, aber leider in ihrer Sicherheit kompromittierte

Dienste. Ich habe sie für öffentliche Diskussionen eingesetzt, wenn es erforderlich war, aber ich würde sie nicht für private Kommunikation nutzen.

Ich denke, dass jeder in seinem Leben irgendwie mit proprietärer Software[63] *in Kontakt kommt, selbst wenn er sich dessen nicht bewusst ist. Auf Ihren Mobiltelefonen laufen Unmengen proprietären Codes der verschiedenen Chiphersteller und Mobilfunkanbieter. Wir bewegen uns langsam aber sicher in die Richtung freier und offener Software, die überprüfbar ist, oder wenn Sie es selbst nicht können, gibt es eine Programmierer-Community, die sich anschauen kann, was diese Geräte tatsächlich tun, und sagen, ob das sicher und angemessen ist, oder ob da etwas Bösartiges oder Merkwürdiges drinsteckt. Das verbessert das Sicherheitsniveau für jeden in unserer Gesellschaft.*

Wir wollen keine Fragmentierung des Internets. Das nützt niemandem, weder in Brasilien, noch in Deutschland, noch in irgendeinem anderen Land der Welt. Was wir brauchen, sind gemeinsame Protokolle, die Daten und Übertragungen schützen, unabhängig von den Rechtssystemen, durch die sie geleitet werden.

Man möchte zum Beispiel nicht, dass etwas, das ein Franzose über ein Netzwerk an einen Dienst in die USA schickt, in jedem Land, durch das diese Übertragung läuft, überwacht, manipuliert oder überprüft wird. Und umgekehrt genauso. Und wenn das für europäische Ländern gilt, dann sollte das für lateiname-

rikanische genauso gelten und ebenso für asiatische und afrikanische.

Und das kann nur funktionieren, wenn wir die Sicherheit unserer gemeinsamen Grundlage stärken, es geht um die Art, wie wir allgemein im Internet kommunizieren, die Basisinfrastruktur, über die wir alle kommunizieren.

Kritik wegen des Schadens, den er angerichtet habe

Die Menschen wissen, dass man Kommunikation überwachen kann, aber das hält sie nicht davon ab, zu kommunizieren ... denn sie können nur wählen, ob sie das Risiko annehmen, überwacht zu werden, oder gar nicht kommunizieren. Wenn wir über Dinge wie terroristische Zellen sprechen oder Atomwaffenhändler – das sind organisierte Zellen. Das sind Dinge, die kann ein Einzelner gar nicht allein. Wenn die also aufhören, miteinander zu kommunizieren, dann haben wir schon gewonnen. Wenn wir es geschafft haben, den Terroristen auszureden, unsere modernen Kommunikationsnetzwerke zu nutzen, haben wir doch, was unsere Sicherheit angeht, gewonnen – nicht verloren.

Vorwürfe, Snowden schwäche die Demokratie

Die Geheimdienstler behaupten, dass das Demokratiemodell als solches nicht aufrecht zu erhalten ist, dass man dem Volk nicht zutrauen kann, die richtigen Entscheidungen zu treffen, dass wir damit aufhören und zu einem autoritären Regierungssystem übergehen sollen. Ich glaube aber, wenn wir es als Volk unabhängig anschauen und Entscheidungen treffen, dann erschüttern uns diese geschwollenen Klagelieder nicht, für die auch keine stichhaltigen Beweise existieren. Was uns diese Geheimdienste in Wirklichkeit fragen, ist: Wollen wir in einer Demokratie leben, in der wir gelegentlich dem Risiko eines Unglücks ausgesetzt sind, das wir nicht voraussehen und vor dem wir uns nicht schützen können? Oder würden wir lieber in einem chinesischen oder russischen Modell leben, in einer Kontrollgesellschaft, die aber weniger frei ist?

Es geht nicht darum, von welchen Überwachungsprogrammen die Öffentlichkeit wissen darf, sondern bis zu welchem Detaillierungsgrad. Alle Spionagechefs sind aufgetreten und haben verkündet, dass die Atmosphäre verglühen wird, ... die Welt endet, der Himmel uns auf den Kopf fällt, und doch ist bisher nichts davon eingetreten. Die einzigen Leute, die sich vor Freude die Hände reiben, sind die Reformer, die mehr und mehr Beweise dafür sehen, dass die Regierungen hier über das Ziel hinausgeschossen und unfähig sind, die Behauptungen aufrecht zu erhalten, die sie immer und immer und immer wieder machen, seit die Veröffentlichungen begonnen haben.

Ich kann ihnen jetzt hier sagen, dass auch nach dem letzten Jahr noch immer Terroristen festgenommen werden, es wird noch immer Kommunikation abgehört. Es gibt noch immer Er-

folge von Geheimdienstoperationen, die auf der ganzen Welt stattfinden.

Kritik, Snowden sei heuchlerisch und empöre sich selektiv

Die Leute sagen, entweder bist du naiv oder du hast eine Doppelmoral. Das machen doch alle Länder. Aber das stimmt nicht. Es hat sicher nicht jedes Land die Kapazitäten für einen Geheimdienst. Sagen wir also: Okay, was ist mit den Top-Geheimdiensten? Machen die alle dasselbe? Die Antwort ist: nein.

Jemand muss anfangen, muss eine Technologie entwickeln, muss sie anwenden, und genau das geschieht. Wir sehen, dass die Vereinigten Staaten und andere Länder der Five-Eyes-Allianz neue Wege einschlagen, um in das Privatleben einzudringen, sowohl in das von legitimen Zielpersonen als auch in das aller anderen, die im Schleppnetz der Massenüberwachung mitgefangen werden.

Wir wissen außerdem, dass einige Länder nicht in der gleichen Art spionieren wie wir. Die Leute können behaupten, meine Empörung sei selektiv, aber wenn wir ... in Deutschland Woche für Woche einen CIA-Spion nach dem anderen entdecken, aber keinen deutschen Spion in den Vereinigten Staaten, und die deutsche Regierung sagt, sie habe keine solchen Spione, dann gibt es keinen Anlass, solche Dinge zu behaupten.

Noch mal, wenn wir sagen wollen, dass das der Fall ist, dann sollten wir einen Beweis haben, irgendeinen Beleg, wenigstens einen winzigen Fetzen, einfach einen Hinweis, dass es vorkommt, bevor wir es als eine Tatsache hinstellen. Es könnte sein, dass wir einen terroristischen Plan aufdecken oder mehr Verbrecher entdecken könnten, wenn wir alle Aufzeichnungen privater Aktivitäten beschlagnahmen, uns auf Schritt und Tritt überwachen, jedes Wort analysieren, das wir sagen, abwarten und Urteile fällen über jede Assoziation, die wir haben, und alle Menschen, die wir lieben. Aber ist das die Gesellschaft, in der wir leben wollen? Das ist die Definition eines Überwachungsstaates.

Wollen wir in einer Kontrollgesellschaft leben oder wollen wir in einer freien Gesellschaft leben? Das ist die fundamentale Frage, die uns gestellt wird.

Kritik an seinen Verbindungen zu Russland

Ich habe keinerlei klassifiziertes Material mit nach Russland gebracht. Das bedeutet: Obwohl das hier ein Gulag-Staat ist, wo mir jede Nacht die Finger gebrochen und ich mit Ketten geschlagen werde, dass es für sie nichts zu gewinnen gibt. Ich meine, die Ängste sind überzogen. Viele Menschen verstehen nicht, dass wir Geheimdienstler nicht eine endliche Liste von Quellen und Methoden haben, wir nicht zum Regal gehen, etwas herausnehmen, es nutzen und dann wieder zurückstellen. Und wenn es kaputt geht, fehlt dafür immer was, das man nie zurückbekommen kann.

Die Geheimdienste in den Vereinigten Staaten, genau genommen alle Geheimdienste, sind viel eher mit einer Fabrik zu vergleichen, die Methoden zur Informationsgewinnung ... erzeugt. Wenn ich etwas Tolles wüsste über ein Geheimdienstprogramm und geschlagen oder gefoltert würde oder irgendwie anders kompromittiert, diese Information preiszugeben, wäre die nur eine kurze Zeit lang gültig. Und da die Regierungen, für die ich gearbeitet habe, wüssten, worauf ich Zugriff hatte, würden sie in der Lage sein, diese Programme abzuschalten. Sie wären in der Lage, eine Gefährdung zu erkennen.

Die Geheimdienstler wissen, dass ich für keine ausländische Regierung arbeite. Sie haben in der Washington Post anonym ausgesagt, dass ich kein Agent einer fremden Macht sei, sie haben deswegen keinen Haftbefehl ausgestellt. Das verhält sich so, weil es die US-Geheimdienstler bemerken würden, wenn ich Informationen an andere Regierungen weitergeben würde, die ich habe, die in meinem Kopf sind. Sie würden Änderungen erkennen in der Art der Informationen, die bei ihnen durchlaufen. Sie würden Quellen erlöschen sehen, die zuvor produktiv waren. Sie würden neue Quellen an Desinformation auf den entsprechenden Kanälen sehen, all das ist nicht eingetreten.

Es sieht nur blöd aus, in Russland zu sein. Sie müssen als Erstes verstehen, dass ich niemals nach Russland wollte. Ich habe hier nie aktiv um Schutz nachgesucht. Das Außenministerium hat mich in Russland stranden lassen auf meiner Durchreise nach Lateinamerika. Wenn es meinem Ansehen schadet, dass ich hier bin, oder dort, oder irgendwo anders, dann ist das gleichgültig, denn dabei geht es nicht um mich.

Meine Reputation ist egal ... Es geht darum, wie die Menschen über diese Dinge denken, egal, wie sie über mich denken. Worum es geht, das sind ihre Rechte und wie gegen sie verstoßen wird.

Ich habe nie einen Hehl daraus gemacht, dass ich die Mehrzahl der neuen Gesetze in Russland zur Internetzensur und Überwachung missbillige. Ich finde es absolut unangebracht für jede Regierung in jedem Land, sich in die Regulierung einer freien Presse einzuschalten.

Wir wollen nicht, dass Regierungsbeamte darüber entscheiden, was wir als Volk wissen dürfen oder nicht, was wir drucken dürfen oder nicht, und wie wir leben dürfen oder nicht, und dazu stehe ich.

Warum so viele Dokumente

Wenn Journalisten nur über Programme berichten, die Bürgerrechte oder Menschenrechte verletzen und offenbar nicht legitime, gerechtfertigte Programme sind, die uns helfen, sicher zu leben, die uns in Kriegszeiten helfen, die Struktur zu schützen, und wieder solche, die zwar nicht in jedem Detail, aber im Großen und Ganzen ausreichend zeigen, dass sie einem guten Sinn und Zweck dienen, dann würden wir von der Presse in die Irre geführt, und nicht von ihr unterstützt.

Mir ist klar geworden, dass ich nicht die Entscheidung treffen kann über die Eindrücke, die wir geben sollten. Das sollen unabhängige Journalisten tun, entweder ihre Institutionen oder die Redakteure.

Die Pflicht, andere digitale Wege zu gehen

Ein unglücklicher Nebeneffekt der Entwicklung all dieser neuen Überwachungstechnologien besteht darin, dass die journalistische Arbeit unermesslich schwieriger geworden ist, als sie es in der Vergangenheit je war. Journalisten müssen besonders aufmerksam sein für jede Art Netzwerk-Übermittlung, jede Art Verbindung, jede Art Autokennzeichen-Lese-Einheit, an der sie auf dem Weg zu ihrem Treffpunkt vorbeifahren, jede Stelle, an der sie ihre Kreditkarte nutzen, jeden Ort, an den sie ihr Mobiltelefon mitnehmen, jeden E-Mail-Kontakt, den sie mit ihrer Quelle haben, denn der erste Kontakt, noch bevor die Verschlüsselung der Kommunikation aufgebaut ist, reicht schon aus, um alles zu verraten.

Egal, wie vorsichtig Sie von diesem Zeitpunkt an sind, egal, wie kenntnisreich Ihre Quelle ist, Journalisten müssen sicher sein, dass sie vom ersten bis zum letzten Moment der Beziehung zu ihrer Quelle keinerlei Fehler machen, sonst gefährden sie die Menschen. Rechtsanwälte sind in der gleichen Situation, ebenso Ermittler und Ärzte.

Die Liste wird fortlaufend länger, und wir sind uns bis heute noch nicht einmal bewusst, dass es so eine Liste überhaupt gibt. Ich würde sagen Rechtsanwälte, Ärzte, Ermittler, womöglich sogar Buchhalter. Jeder, der die Pflicht hat, die Privatsphäre seiner Klienten zu schützen, sieht sich einer neuen und herausfordernden Welt gegenüber, und wir brauchen neue Schulungen und neue berufliche Normen, um Mechanismen zu gewährleisten, die sicherstellen, dass der durchschnittliche Bürger unserer Gesellschaft in annehmbarem Maße Vertrauen in die Angehörigen dieser Berufe haben kann.

Wenn wir unserem Priester in der Kirche beichten, dann ist das geheim, aber ist es etwas anderes, wenn wir unserem Pastor eine private E-Mail schicken, in der wir ihm eine Lebenskrise beichten?

Die Zukunft der Geheimdienste

Ich bin äußerst idealistisch, da ich nicht sicher bin, ob es politische Reformen schaffen werden, unsere Rechte zur digitalen Kommunikation in Zukunft effektiv zu schützen. Ich bin nicht sicher, dass die Regierung viel Lust dazu hat, diese Schutzmechanismen gesetzlich zu verankern. Ich denke, dass technische Systeme diese Lücke in weitem Maße füllen können, weil wir unsere Systeme und Werte in die Übertragungsprotokolle einbauen können, die wir nutzen, um [unsere] Beziehungen zu schützen.

Es wird wahrscheinlich vor dem Obersten Gericht landen ... und in Europa. Bevorstehende Gerichtsurteile werden, nach meiner Einschätzung wahrscheinlich zusätzlichen Druck auf die Gesetzgeber ausüben, sinnvolle Reformen zu beschließen.

Wir müssen erkennen, dass Menschen ein individuelles Recht auf Privatsphäre haben, aber sie haben auch ein kollektives Recht auf Privatsphäre. Niemand sollte ihre Kommunikation beschlagnahmen und für unbestimmte Zeit speichern ohne jede Rechtfertigung, ohne jeden Verdacht, in irgendeine Art Kriminalität konkret verwickelt zu sein. Genauso, wie das bei jeder anderen Strafermittlung wäre.

Telekommunikationsanbieter müssen erkennen, dass die Rechte ihrer Kunden vor den Interessen irgendeines Staates kommen. Heute lautet ihre Standardantwort auf jede Kritik, die ihnen wegen der Mitwirkung an Abhörprogrammen entgegenschlägt, „wir halten uns an das Recht des Landes X, wenn wir in diesem Land tätig sind.“

Das mag stimmen, und mag auch rechtlich gesehen vernünftig sein, aber es heißt nicht, dass sie davon befreit sind, die Rechte ihrer Kunden verteidigen zu müssen. Wenn wir ihnen die intimsten Einzelheiten unserer Leben anvertrauen, wenn wir ihnen unsere privaten Aufzeichnungen zur Verwahrung geben, müssen sie gewährleisten, dass sie ein angemessener Advokat für uns als Kunden sind, nicht nur gesetzlich, sondern auch sozial gesehen. Das heißt, dass sie ihre Lobbymöglichkeiten einsetzen müssen, sie müssen ihre wirtschaftliche Schlagkraft nutzen, um die Regierungen zu zwingen, in welcher Rechtsprechung auch immer, verantwortlicher zu handeln, was die Gewährleistung unserer öffentlichen Interessen angeht.

Soweit der Whistleblower Edward Snowden. Seine Aussagen und Meinungen sind sicherlich im Lichte der damaligen konkreten Gefährdungssituation zu sehen. Man muss auch keineswegs alle seine Ansichten teilen. Aber die Ausführungen des Insiders als Ergänzung zu den mehr als 1,9 Millionen Dokumenten, die durch ihn an die Öffentlichkeit gelangten, geben einen sehr guten und erschreckenden Einblick in das Vorgehen der staatlichen Geheimdienste auch und gerade auch gegen die eigene Bevölkerung.

Deutschland: Wir werden bespitzelt

Die Veröffentlichungen von Julian Assange auf WikiLeaks und das Material von Edward Snowden waren vor allem dazu geeignet, die Machenschaften der US-amerikanischen Geheimdienste, allen voran der National Security Agency NSA, und des britischen Geheimdienstes Government Communications Headquarter GCHQ aufzudecken. Aus den Veröffentlichungen ergeben sich aber auch zahlreiche Verflechtungen zu Deutschland.

Doch völlig losgelöst davon hat die Bundesrepublik Deutschland eine eigene „Bespitzungsoffensive" gestartet, von dem an anderer Stelle in diesem Buch dargestellten „großen Lauschangriff" bis zum sogenannten Staatstrojaner. Bei letzterem handelt es sich um ein Spionageprogramm, das von staatlichen Stellen heimlich in die Computer von Privatpersonen eingeschleust wird, um diese zu überwachen.

Der Begriff „Trojaner" kommt aus der Hackerszene und bezeichnet in diesem Zusammenhang eine Schadsoftware, die gezielt in einen Computer eingeschleust wird, um von innen heraus anzugreifen. „Trojaner" ist metaphorisch vom „Trojanischen Pferd" der Mythologie abgeleitet. Der Legende nach konnte die unbezwingbare Stadt Troja nur durch einen Trick eingenommen werden: Die Angreifer präsentierten den Bewohnern ein riesiges Holzpferd als Friedensangebot. Im Inneren des

Pferdes verbargen sich jedoch feindliche Soldaten, die auf diese Weise Zugang zum Stadtinneren erlangten.[85]

Staatstrojaner überwachen uns

Seit dem 24. August 2017 darf die Bundesrepublik Deutschland offiziell als Hacker aktiv werden. An diesem Tag trat das sogenannte Staatstrojaner-Gesetz in Kraft.[86] Seitdem dürfen Deutschlands Strafverfolger heimlich in Computer und Smartphones eindringen, um Überwachungsprogramme zu installieren. Die Software überwacht entweder die fortlaufende Kommunikation oder sie durchsucht das Zielgerät vollständig – oder sie erledigt gleich beide Aufgaben.

Äußerst listig hatte die Bundesregierung das neue Überwachungsgesetz durch den Bundestag geschleust. Das Gesetz „zur effektiveren und praxistauglicheren Ausgestaltung des Strafverfahrens“ umfasst auf den ersten Blick harmlose Maßnahmen, um Strafverfahren effizienter zu gestalten. So dürfen seitdem von Vernehmungen nicht nur Wort-, sondern auch Videoprotokolle angefertigt werden. Bei Vergehen, die nichts mit dem Straßenverkehr zu tun haben, darf dennoch der Führerschein entzogen werden. Doch kurz vor der Verabschiedung im Deutschen Bundestag wurde dem Gesetz zur Reform der Strafprozessordnung noch ein folgenschweres Papier zur Online-Überwachung hinzugefügt. Es umfasst eine lange Liste von Straftaten, bei denen seitdem staatliche Hacker Schadsoftware auf die Computer, Smartphones und Tablets der Verdächtigen aufspielen dürfen, um dadurch alle Daten mithören und mitlesen und vor allem kopieren zu dürfen.

Die Polizei, dein Freund und Hacker

Die Polizei, dein Freund und Hacker. Das Gesetz von 2017 widerspricht unmittelbar einem Urteil des Bundesverfassungsgerichts vom 27. Februar 2008, das ein „Grundrecht auf Gewährleistung der Vertraulichkeit und Integrität informationstechnischer Systeme" (IT-Grundrecht) definiert. Allerdings thematisiert das 2017er-Gesetz die vom Verfassungsgericht gesetzten Grenzen im Sinne einer vorwärtsgerichteten Abwehrstrategie. Es wird also schwer werden, gegen den über die bloße Telefonüberwachung („Großer Lauschangriff") weit hinausgehenden „Megagroßen Lauschangriff" verfassungsrechtlich vorzugehen.

Das Auslesen eines Smartphones geht weit über das Mithören von Telefonaten hinaus. Die meisten Menschen speichern heutzutage auf ihrem Smartphone mehr oder minder ihr gesamtes berufliches und privates Leben. Fotos, Kontakte, Emails, SMS, Standort- und Bewegungsdaten, Notizen, aufgerufene Webseiten – unser Smartphone verrät, wer wir sind, mit wem wir Umgang pflegen, wo wir uns aufhalten, was uns interessiert. Immerhin sieht der Gesetzestext vor, dass „soweit möglich" keine Daten aus dem – laut Verfassungsgericht – geschützten Kernbereich des privaten Lebens erhoben werden. Sofern dies dennoch „aus Versehen“ passiert, sollen sie gelöscht oder einem Richter zur Beurteilung vorgelegt werden.

Nach echter Privatsphäre hört sich dieser Text nicht an. Dabei muss man sich klar machen, dass die Strafverfolger nicht nur Zugang zu intimsten Informationen eines Verdächtigen bekommen – was unter Umständen noch akzeptabel wäre im Sinne der Verbrechensbekämpfung –, sondern es wird auch das gesamte Umfeld, also alle Personen, mit denen derjenige in Kontakt steht, gleich mit einbezogen. Eingehende E-Mails und Nachrichten, ausgehende E-Mails und Nachrichten, alle weiteren Personen auf den Fotos, in den Notizen und Dokumenten genannten Personen – einfach alles.

Wer Smartphones ausspioniert, forscht die Gedankenwelt des Besitzers und seines Freundeskreises aus und kann damit Persönlichkeitsbilder erstellen, die umfangreicher und gläserner nicht sein können.

Ein weiteres Argument gegen staatliches Hacking ist ebenso gravierend. Um sich Zugang zu verschaffen, müssen die staatlichen Angreifer letztlich Sicherheitslücken in den Programmen der Softwarehersteller ausnutzen wie jeder verbrecherische Hacker es ebenfalls tut. Man würde indes eher erwarten, dass der Staat diese Lücken bei Bekanntwerden an die jeweiligen Softwarehersteller meldet, sodass die Anbieter sie schließen können und alle Nutzer der entsprechenden Programme geschützt sind. Der Staat entdeckt eine Sicherheitslücke und statt sie zum Wohle der Bevölkerung so rasch wie möglich einer Schließung zuzuführen, nutzt er sie selbst schamlos aus. Sollte es nicht umgekehrt sein? Sollte nicht der Staat verpflichtet werden, von seinen Behörden erkannte Sicherheitslücken unverzüglich an den Hersteller zu melden, damit sie zügig geschlossen werden können und somit die Bevölkerung vor Angriffen über diese Lücken geschützt sind? Einem Rechtsstaat stünde eine solche Vorgehensweise gut an. In Deutschland ist sie offenbar keine Option. Allein 2019 setzten die hiesigen Polizeibehörden den Staatstrojaner in 357 Fällen ein, um die Geräte von Verdächtigen zu hacken und deren laufende Kommunikation zu überwachen. Zwölf Mal kam 2019 die verschärfte Version zum Einsatz, die Onlinedurchsuchung nach Paragraf 100b Strafprozessordnung. Sie erlaubt auch die Auswertung von Daten, die auf dem gehackten Gerät gespeichert sind, also nicht Bestandteil einer laufenden Unterhaltung sind.

Überwachung direkt an der Quelle

Neben dem Staatstrojaner dürfen die deutschen Strafverfolger auch gemäß Paragraf 100a der Strafprozessordnung die laufende Kommunikation von Verdächtigen direkt an der Quelle überwachen (Quellen-Telekommunikationsüberwachung, Quellen-TKÜ), also auf dem Computer oder Smartphone.[87] Dieses Vorgehen kann nötig sein, wenn die Kommunikation verschlüsselt stattfindet etwa über WhatsApp, die Behörden also während der Übertragung nicht mithören bzw. mitlesen können. Der Zugang zum Gerät des Absenders oder des Empfängers ist in diesen Fällen zwingend notwendig, um die Kommunikation zu überwachen. Das Bundeskriminalamt hat eigens ein Programm namens Remote Communication Interception Software (RCIS) für die Quellen-TKÜ entwickelt. Die erste Version konnte nur Skype-Gespräche auf Windows-Rechnern mitschneiden, die zweite Version hat einen etwas größeren Funktionsumfang. Dennoch hat das BKA 2013 zusätzlich eine Lizenz der Software FinFisher/FinSpy des deutsch-britischen Unternehmens Elaman/Gamma erworben, die seit Anfang 2018 hierzulande eingesetzt werden darf.

Über Paragraf 100a der Strafprozessordnung hinausgehend erlaubt Paragraf 100b der Polizei die Online-Durchsuchung. Hierbei kann die Polizei mithilfe von Überwachungssoftware alle Programme, Daten und Nachrichten auf einem Gerät heimlich aus der Ferne einsehen. Dieser Eingriff ist also noch schwerwiegender als die Quellen-TKÜ. Bis 2017 waren solche Maßnahmen nur zur Terrorabwehr erlaubt. Mit den Paragrafen 100a und 100b erhalten Ermittler diese Befugnisse für einen erweiterten Kreis von mutmaßlichen Straftaten.

Am 10. Juni 2021 verabschiedete der Deutsche Bundestag ein Gesetz, das ausdrücklich die Quellen-Telekommunikationsüberwachung entsprechender Apps wie zum Beispiel WhatsApp ermöglicht.[88] Internet-Provider sind seitdem dazu verpflichtet, bei der Verteilung des Staatstrojaners auf die Smartphones zu helfen und Datenströme der Zielpersonen direkt an die Geheimdienste und Strafverfolgungsbehörden umzuleiten. Bemerkenswert: Die Bundespolizei darf die Kommunikation der Bevölkerung seitdem auch präventiv überwachen, also noch bevor eine Straftat stattgefunden hat. Mitunter dürfen auch Kontakte der Zielperson gehackt werden. Immerhin: Verboten sind die Online-Durchsuchung (großer Staatstrojaner) von PCs und Datenträgern, damit Privates und zum Beispiel die Pressefreiheit unter allen Umständen gewahrt bleibt. Mit anderen Worten: Daten, die auf Computern gespeichert werden, sind besser geschützt als Informationen, die über Messagingdienste wie WhatsApp verbreitet werden.[89] Das Ringen um die Frage, in welchem Umfang die Staatstrojaner überhaupt eingesetzt werden dürften, hielt jahrelang an.

Der Chaos Computer Club deckt auf

Bereits im Mai 2018 gab die Bundesregierung die Auskunft, das einzig das Bundeskriminalamt (BKA) über einen Staatstrojaner verfügt, nicht die Landeskriminalämter. Das BKA darf den Ländern zwar Amtshilfe leisten; dieser Fall sei jedoch noch nicht vorgekommen, jedenfalls nicht in abgeschlossenen Verfahren. Die Ausführungen der Regierung muten befremdlich an, wenn man weiß, dass der Chaos Computer Club (CCC) schon im Jahr 2011 einen unter anderem von Bayern eingesetzten Staatstrojaner entdeckte, der weit mehr konnte, als das Gesetz erlaubt. Der am 12. September 1981 gegründete Hackerclub erlangte erstmals öffentliche Bekanntheit, als er am 19. November 1984 nachwies, dass das Btx-System der Bundespost unsicher ist und er über eine Sicherheitslücke binnen einer Nacht knapp 135.000 DM von der Hamburger Sparkasse abheben konnte. In den darauffolgenden Jahren wurde der CCC bei der Schaffung des Datenschutzgesetzes immer wieder konsultiert. Man darf also den Erkenntnissen des Chaos Computer Clubs durchaus eine hohe Realitätsnähe unterstellen. Vor diesem Hintergrund ist es bemerkenswert, wenn der CCC bei dem 2011 aufgespürten bayerischen Staatstrojaner herausfand, dass dieser die Daten auf dem infizierten Computer verändern und angeschlossene Mikrofone und Kameras für einen Großen Lauschangriff einschalten kann, was die verfassungsrechtlich vorgeschriebenen Befugnisse in vielerlei Hinsicht überschreitet. Am 10. Oktober 2011 musste der zuständige bayerische Innenminister Joachim Herrmann zugeben, dass die Software tatsächlich vom LKA Bayern stammt.

Deutschland legt sich eine Cyber-Armee zu

Alle Staaten, die etwas auf sich halten, haben eine sogenannte „Cyber-Armee". Im August 2018 ließen die damalige Bundesverteidigungsministerin Ursula von der Leyen und Innenminister Horst Seehofer verlauten, dass nun auch Deutschland die Entwicklung von staatlichen Cyberwaffen forcieren möchte.[111] Hierfür wurde im Bundeskabinett beschlossen, eine von beiden Ministerien gemeinsam betriebene „Agentur für Innovation in der Cybersicherheit" zur Stärkung der Sicherheit nach außen und im Inneren zu gründen. Es hört sich harmlos an, aber es markiert den Einstieg in die staatliche Forschung und Entwicklung von defensiven, aber auch offensiven Cyberwaffen. Zuvor kauften die Bundeswehr und die Sicherheitsbehörden diese Art von Cybersoftware wie den Staatstrojaner auf dem freien Markt für viel Geld ein. Laut Kabinettsbeschluss geht es darum auf dem „digitalen Gefechtsfeld zu bestehen". Dadurch sollen Sicherheitsbehörden und Bundeswehr in die Lage versetzt werden, die „technologische Innovationsführerschaft" bei Schlüsseltechnologien selbst zu erlangen statt Programme zur Abwehr und zum virtuellen Gegenschlag einkaufen zu müssen. Die neue Agentur soll einen „nachhaltigen Beitrag zur Sicherung der Zukunft Deutschlands leisten". Das Verteidigungsministerium hat hierfür rund 25 Milliarden Euro pro Jahr eingeplant.

Bei der Konzeption der deutschen Cyberagentur orientiert sich Deutschland an ähnlichen staatlichen Einrichtungen in Israel und den USA, die zur Weltspitze gehören. Das Vorgehen sieht wie folgt aus. Die Agentur findet frühzeitig heraus, welche Technologien in Sachen Cybersicherheit künftig bahnbrechend sein werden, investiert in die entsprechenden Start-up-Firmen und Unternehmen und bekommt dadurch schon sehr frühzeitig Zugang zu diesen Technologien.

Der Schritt ist sicherlich sinnvoll, um eigene Kapazitäten zur digitalen Abwehr aufzubauen. In welchem Maße diese Fähigkeiten künftig auch genutzt werden, um die eigene Bevölkerung „cyber-technisch unter Kontrolle zu halten", bleibt abzuwarten.

Jedenfalls formiert sich seit langem deutlicher Widerstand gegen Staatstrojaner. Ermittlern zufolge entstehe „ein Persönlichkeitsbild, das umfangreicher und gläserner nicht sein könnte“, sagt der Rechtsprofessor Jan Dirk Roggenkamp; es finde ein „Auslesen von Gedanken“ statt. Gemeinsam mit anderen Juristen, Grundrechtsaktivisten und Künstlern legte er Anfang August 2018 Verfassungsbeschwerde ein. Zwischenzeitlich war auch die FDP – wir erinnern uns, sie gehörte zu den ersten Datenschützern in Deutschland – vor das Bundesverfassungsgericht gezogen, um dem Staatstrojaner den Garaus zu machen. Der frühere FDP-Rechtspolitiker und ehemalige Bundestagsvizepräsident Burkhard Hirsch warnte: „Wir geraten an die Grenzen eines Überwachungsstaates.“ Zu den weiteren Beschwerdeführern beim Bundesverfassungsgericht zählt auch der Deutsche Anwaltsverein DAV.[90]

Beschleunigungsfaktor Corona

Die durch die Coronavirus-Pandemie entstandene Notsituation haben die Unternehmen wie auch die Staaten gleichermaßen genutzt, die digitale Überwachung der Bevölkerung voranzutreiben. Nachfolgend seien dazu drei Beispiele genannt: Apple, Google und die Europäische Union.

Gewaltigstes Überwachungssystem der Welt

Angesichts der Coronavirus-Pandemie nahmen Apple und Google 2020 das gewaltigste Personenverfolgungssystem in Betrieb, das die Welt je gesehen hat: Es umspannt rund drei Milliarden Menschen, also etwa ein Drittel der Weltbevölkerung.[91] Zur Pandemiebekämpfung hatten sich die beiden Erzrivalen darauf verständigt, alle iPhones und alle Android-Smartphones, ältere wie neue Geräte, mit einer Software zu versehen, die merkt, wenn sich zwei Personen nahekommen. Als Technologie kommt Bluetooth zum Einsatz, ein Übertragungsverfahren, das beispielsweise zur Verbindung drahtloser Kopfhörer dient. Seit 2020 gibt es hierfür eine völlig neue Verwendung und die funktioniert so: Auf das Virus positiv getestete Personen – also Infizierte – erhalten in ihrem Smartphone eine Art Markierung. Daraufhin ist das Apple/Google-System in der Lage, alle Kontaktpersonen des Markierten in der Vergangenheit und in der Zukunft zu identifizieren. Das Argument in der Pandemie: So können Infektionsketten automatisch und lückenlos verfolgt werden. Und: Das eigene Smartphone kann Alarm schlagen, sobald man sich einer infizierten Person nähert. Die Überwachung erhöht also die eigene Sicherheit und hilft zugleich bei der Bekämpfung der Pandemie. Doch werden Apple und Google das System nach Beendigung der Pandemie wieder abschalten? Mit Sicherheit nicht! Denn obgleich beide Konzerne nicht müde wurden, die Freiwilligkeit der Teilnahme am Überwachungsprogramm zu betonen, bauten sie die neue Technologie fest verankert in ihre Betriebssysteme ein, so dass sie dauerhaft in allen Geräten verbleibt. Für eine freiwillige temporäre Maßnahme wäre es völlig ausreichend gewesen, eine gemeinsame App zum Download anzubieten. Wer teilnehmen möchte, lädt sich die App herunter. Doch das war den beiden Digitalgiganten offenbar zu wenig: Sie nutzten die Gunst des Jahres 2020, um eine dauerhafte Kontaktüberwachung (Contact Tracing) für ein Drittel der Menschheit in ihren Geräte zu implementieren.[92] Man muss sich klar machen: Die Kontaktkontrolle findet in denselben Geräten statt, deren genauer Standort mittels GPS jederzeit feststellbar ist und in denen die meisten von uns alle ihre persönlichen Kontakte, ihre Bilder, ihre Passworte und immer häufiger auch ihre gesundheitlichen Vitalwerte etwa im Zusammenhang mit einer Smartwatch gespeichert haben. Für die meisten Menschen ist ihr Smartphone im Grunde eine Konzentration ihres gesamten Lebens. Hinzu kommt: Apple und vor allem Google sammeln seit mehr als 20 Jahren so viele Informationen über so viele Menschen wie möglich, und sie speichern alle Daten, derer sie habhaft werden. Die Kontaktverfolgung reiht sich also in ein ohnehin schon prall gefülltes Dossier über Milliarden von Menschen ein.

Dem US-amerikanischen Vorstoß begegnete Europa 2020 mit dem Projekt Pepp-PT; das Kürzel steht für Pan-European Privacy-Preserving Proximity Tracing. Im Kern ging es um das gleiche Konzept: Mittels Bluetooth-Technologie sollte die Überwachung von Kontaktketten verwirklicht werden. Dabei betonte der europäische Ansatz, übrigens ebenso wie Apple, die strenge Einhaltung des Datenschutzes und die Gewährleistung der Privatsphäre. Zu den Unterstützern gehörten beispielsweise Fraunhofer Institute, das Robert-Koch-Institut, diverse Universitäten etwa in Berlin, Dresden, München, Linz oder Zürich und Telekommunikationsgesellschaften wie Vodafone.[93] Dabei kam es zu einem weit über die Jahre 2000/21 hinaus bedeutsamen Kräftemessen zwischen den US-Digitalgiganten Apple und Google auf der einen und den Regierungen beinahe aller Länder, darunter auch die deutsche Bundesregierung, auf der anderen Seite, das die Konzerne eindeutig für sich entschieden.

Apple und Google gegen die Bundesregierung

Zentrale oder dezentrale Datenspeicherung beim Einsatz einer Smartphone-App zur Kontaktverfolgung (Tracing App) – diese wesentliche Entscheidung in Bezug auf Datenschutz hatte das Konsortium Pepp-PT der Regierungsverantwortung überlassen. Das Konzept sah vor, es in die Souveränität eines jeden

Staates zu stellen, selbst zu entscheiden, welcher Ansatz für das jeweilige Land am geeignetsten ist.[94]

Doch ohne die technische Unterstützung von Apple und Google, deren Betriebssysteme iOS bzw. Android weit über 90 Prozent des Smartphone-Marktes bestimmen, war weder die eine noch die andere, sondern gar keine vernünftige Lösung möglich. Und die zwei US-Konzerne hatten 2020 von Anfang an klargestellt, dass sie beide ausschließlich einen dezentralen Ansatz verfolgen.

Um in der damaligen Krise überhaupt handeln zu können, war die Bundesregierung auf die Bedingungen der beiden Unternehmen eingegangen und auf den dezentralen Ansatz umgeschwenkt.[95]

Nun ist es keine Frage, dass die dezentrale Datenhaltung technisch bedingt per se einen deutlich höheren Grad an Datensicherheit und Datenschutz gewährleistet als ein zentrales Datensilo. Doch zwei mindestens ebenso wichtige Fragen blieben 2020 offen, und werden auch künftig wohl unbeantwortet bleiben:

Erstens: Gehört es wirklich in die Entscheidungsgewalt von US-Unternehmen, der Bundesrepublik Deutschland wie allen anderen Ländern durch technische Vorgaben vorzuschreiben, was die beste Balance zwischen staatlichen bzw. gesellschaftlichen Interessen wie der Bekämpfung der Pandemie und den Belangen des Datenschutzes darstellt?

Zweitens: Wodurch ist eigentlich sichergestellt, dass nicht nur Apple und Google – und da beide Firmen dem US Patriot Act unterstellt sind – sondern auch US-Behörden an die Daten gelangen?

An der Fragestellung, ob Staaten oder Konzerne das Sagen haben sollten, änderte auch die Unterstützung des dezentralen Ansatzes durch zahlreiche Organisationen nichts, vom Chaos Computer Club bis zu Hunderten von Datenschützern und Wissenschaftlern. Denn es war nicht so, dass sich die Bundesregierung von den Argumenten dieser Gruppen hat überzeugen lassen, sondern sie musste sich dem Diktat von Apple und Google beugen. Das wäre ungefähr so, als ob Deutschland den Vorgaben von Facebook beim öffentlich-rechtlichen Rundfunk folgen müsste und Facebook im Gegenzug versichern würde, die gesammelten Informationen nicht zu verwenden. Man kann das glauben – muss man aber.

Apple, Google, Vodafone und andere boten die Kontaktüberwachung 2020 staatlichen Gesundheitsbehörden rund um den Globus an, um den Regierungen ein Mittel an die Hand zu geben, die Pandemie wirksam zu bekämpfen. Es oblag dann der jeweiligen Regierungsverantwortung, das System gemäß den geltenden gesetzlichen Vorschriften und politischen Entscheidungen zum Einsatz zu bringen. Selten zuvor haben Wirtschaft und Staat derart deutlich weltweit zusammengewirkt, um die Bevölkerung zu überwachen. Dabei sind die Hierarchien klar gesetzt: Die grundlegenden Regeln bestimmen vor allem Apple und Google, denn sie haben das System entwickelt und in den Geräten installiert (erste Stufe). Darauf aufbauend können die Staaten ihre Entscheidungen treffen (zweite Stufe). Die Bevölkerung kann diese Regeln akzeptieren (dritte Stufe) oder sich wehren, indem sie die Funktionen deaktiviert (sofern möglich) bzw. das Smartphone einfach zu Hause lässt (sofern erlaubt). Doch man muss schon arg naiv sein, um zu glauben, dass diese lückenlose Kontaktüberwachung nach der Pandemie auf bloßer Freiwilligkeit basiert oder gar abgeschaltet wird. Denn natürlich sind Kontaktketten auch bei aller Art von Verbrechensbekämpfung von hoher Bedeutung für Strafverfolgungsbehörden. Es ist kaum glaubhaft, dass man es künftig den Verbrechern überlässt, ihre digitale Verfolgung wahlweise ein- oder auszuschalten.[96]

Besonders effizient bei der Überwachung der Bevölkerung und damit besonders schlimm aus Sicht der Freiheit ist die Verknüpfung von Erfassungsmaßnahmen wie der Standort- und Kontaktverfolgung mit einer Auswertung durch Künstliche Intelligenz (KI). Nimmt man Kameras hinzu, die an öffentlichen Plätzen oder letztlich „überall“ montiert sind und mit automatischer Gesichtserkennung und KI-Analyse arbeiten, kommt man einem totalen Überwachungsstaat schon sehr nahe. Hinzunehmend ließen sich noch Videodrohnen einsetzen, um etwa Versammlungen aufzuspüren. Der Hinweis, dass es heute schon Kampfdrohnen gibt, die nicht nur militärisch genutzt, sondern auch im Polizeieinsatz verwendbar wären, geht an dieser Stelle vermutlich zu weit. Andererseits: Wer von uns hätte sich schon ein Mobiltelefon, ein Smartphone oder eine Pandemie ernsthaft vorstellen können, bevor es so weit war?

Heimlicher Eingriff in die Privatsphäre

2020, als die ganze Welt mit der Bekämpfung der verheerenden Coronavirus-Pandemie beschäftigt war, hatte die EU viel vor in Sachen Datenschutz, oder besser gesagt mit der Aushebelung des Schutzes. Der EU-Ministerrat arbeitete an einer Resolution, nach der die Betreiber von Ende-zu-Ende-verschlüsselten Diensten gezwungen werden sollen, den Behörden Generalschlüssel zu allen Kundendaten zu übergeben. Der Titel des EU-Resolutionsentwurfs „Sicherheit durch Verschlüsselung und Sicherheit trotz Verschlüsselung" ist völlig irreführend. Faktisch würde eine solche Resolution das Sicherheitsniveau in der EU dramatisch verschlechtern. Denn insbesondere europäische Datendienste beispielsweise TeamDrive behalten überhaupt keine Schlüssel für Kundendaten. Daher können weder sie als Betreiber noch Behörden die Kundendaten entschlüsseln. Nur dadurch ist die Privatsphäre bei der digitalen Kommunikation gewährleistet. Doch nach Resolution wären die EU-Mitgliedsstaaten in der Lage, sich mit ihren Schlüsseln jederzeit und unerkannt in private Unterhaltungen und andere verschlüsselte Übertragung einzuklinken.

Würden die Betreiber gezwungen, Generalschlüssel zu allen Kundendaten zu erzeugen und an die Behörden weiterzureichen, wäre indes nicht nur die Vertraulichkeit vorüber. Vielmehr entsteht darüber hinaus die ernsthafte Gefahr, dass diese Schlüssel bei den Betreibern oder bei den Behörden von Hackern entwendet werden. In diesem Fall würden Kriminelle auf einen Schlag Zugang zu vertraulichen Kundendaten im großen Stil erhalten.

Im Herbst 2020 verblüffte neben dem Inhalt die Geschwindigkeit, mit der sich die Staaten Zugang zu den privaten Daten ihrer Bürger verschaffen wollten. Zwischen der Vorlage des Entwurfs und der geplanten Verabschiedung lagen nicht einmal ein Monat. Man kann sich des Eindrucks nicht erwehren, dass die EU die Ablenkung der Öffentlichkeit durch die Pandemie zum Anlass nehmen wollte, das fundamentale Recht der EU-Bürgerschaft auf vertrauliche private Kommunikation außer Kraft zu setzen. Über den EU-Resolutionsentwurf „Sicherheit durch Verschlüsselung und Sicherheit trotz Verschlüsselung" mit der Einführung des Zwangs zu Generalschlüsseln wurde indes schlussendlich doch (noch) nicht entschieden.

Neu war der Versuch der EU, sich Zugang zu den persönlichen Daten der europäischen Bevölkerung zu verschaffen, allerdings keineswegs. Ganz im Gegenteil hat dieses Vorgehen unter dem Begriff „Vorratsdatenspeicherung" eine längere Historie.

Daten auf Vorrat: Die Mutter der Überwachung

Die sogenannte Vorratsdatenspeicherung (VDS) gilt als „Mutter vieler Überwachungsprojekte".[97] Das liegt an ihrem Kerngedanken, nämlich die Telekommunikationsdaten jedes Bürgers über einen längeren Zeitraum hinweg zu speichern – einfach ohne Begründung, ohne Verdacht, eben auf Vorrat, falls sich zu irgendeinem späteren Zeitpunkt ein Verdacht gleich welcher Art ergeben sollte. Die Standortdaten aller Bürger sollen für vier Wochen, ihre Kommunikations- und andere Verbindungsdaten bis zu zehn Wochen vorsorglich gespeichert werden. Dabei geht es nicht nur um sämtliche Seiten im Internetbrowser, sondern auch um Telefonate sowie SMS, WhatsApp-Nachrichten und ähnliche Kommunikationskanäle. Vereinfacht ausgedrückt: Der Staat will festgehalten wissen, wann wir mit wem von wo aus und in welcher Form in Kontakt getreten sind.

Übrigens mit einer Ausnahme: E-Mails sind vor der Speicherung auf Vorrat ausgenommen, allerdings nicht, weil die Behörden hieran kein Interesse hätten, sondern weil deren Überwachung separat in der Telekommunikationsüberwachung (TKÜ) geregelt.[98]

Der Gedanke an eine Datenspeicherung auf Vorrat wurde auf europäische Ebene erstmals im Jahr 2002 ernsthaft diskutiert, aber zunächst nicht weiterverfolgt. Erst nach den verheerenden Zuganschlägen in Madrid am 11. März 2004, drei Tage vor den spanischen Parlamentswahlen, bei denen 191 Menschen starben und 2051 verletzt wurden, kam das Thema wieder auf die Tagesordnung der EU. Es hatte sich der Eindruck verdichtet, dass man die Anschläge durch eine engere und vor allem europaweit einheitliche Überwachung hätte verhindern können. Der Europäische Rat beauftragte den Ministerrat, bis Juni 2005 zu prüfen, ob und welche Rechtsvorschriften zur Vorratsdatenspeicherung erlassen werden sollten. Erheblich beschleunigt wurde das Verfahren durch die schwersten Terroranschläge in der Geschichte Großbritanniens am 7. Juli 2005. An diesem Tag wurde London durch eine ganze Serie von islamistischen Selbstmordattentaten während der morgendlichen Hauptverkehrszeit erschüttert. Beinahe gleichzeitig übernahm Großbritannien die Ratspräsidentschaft in der EU und forcierte eine europaweite Lösung zur Überwachung von Telekommunikation und Internet.

Die europäische Richtlinie zur Vorratsdatenspeicherung wurde am 14. Dezember 2005 im Europäischen Parlament beschlossen. Am 21. Februar 2006 stimmte der Europäische Rat mehrheitlich für die Richtlinie 2006/24/EG über die Vorratsspeicherung von Daten. Sie verpflichtete die EU-Mitgliedstaaten, nationale Gesetze zu erlassen, nach denen bestimmte Daten, die bei der Bereitstellung und Nutzung öffentlicher elektronischer Kommunikationsdienste anfallen, von den Dienstanbietern mindestens sechs Monate auf Vorrat gespeichert werden mussten und höchstens zwei Jahre gespeichert werden durften. Rechtsgrundlage war damals das Regelwerk für den gemeinsamen EU-Binnenmarkt. Dieser garantiert Unternehmen in der

EU gleiche Rahmenbedingungen, mit denen Wettbewerbsverzerrungen verhindert werden sollen.

Vorausgegangen waren heftige Diskussionen von Befürwortern und Gegner, die auch danach nicht abrissen. Die Befürworter sahen in der Vorratsdatenspeicherung ein wichtiges Instrument zur Terrorismusbekämpfung und Strafverfolgung, die Kritiker verwiesen auf die geringe Wirksamkeit der Richtlinie und vor allem auf die schweren Eingriffe in die informationelle Selbstbestimmung und die Privatsphäre der Bürger.

So rief in Deutschland unter anderem der Arbeitskreis Vorratsdatenspeicherung, der im Dezember 2005 als bundesweiter Zusammenschluss von Bürgerrechtlern und Datenschützern entstand, im September 2006 zu einer Sammelklage vor dem Bundesverfassungsgericht gegen das bevorstehende Gesetz über die Vorratsdatenspeicherung auf. Bis Ende 2007 hatten sich über 80.000 Menschen online registriert und mehr als 34.000 eine schriftliche Vollmacht für den Rechtsanwalt des Arbeitskreises ausgestellt, womit diese Aktion die bis dato größte ihrer Art in Deutschland war und mehr Beschwerdeführer als bei dem Volkszählungsboykott im Jahre 1983 verzeichnen konnte.[65] Am 2. März 2010 verkündete das Bundesverfassungsgericht sein Urteil, in dem es die konkrete Ausgestaltung der Vorratsdatenspeicherung für verfassungswidrig und die entsprechenden Vorschriften für nichtig erklärte. Die Kritiker hatten obsiegt, der Staat hätte es akzeptieren können – hat er aber nicht.

Immerhin dauerte es bis Oktober 2015, bis in Deutschland ein neues Gesetz zur Vorratsdatenspeicherung verabschiedet wurde, das am 18. Dezember 2015 in Kraft trat. Zwar hat der Europäische Gerichtshof (EuGH) 2016 in einem Urteil festgestellt, dass die EU-Richtlinie über die Vorratsdatenspeicherung gegen Grundrechte verstößt und diese damit gestoppt.[66] Das betraf aber nicht direkt das nationale Gesetz, das 2015 in Deutschland verabschiedet worden war und „eigentlich" seit dem 1. Juli 2017 zum Einsatz kommen sollte. Alle Anbieter von Telekommunikationsdiensten waren ab diesem Tag dazu verpflichtet, die Verbindungsinformationen ihrer Kunden zehn Wochen und die Standortdaten einen Monat lang zu speichern. Am 28. Juni 2017 beschloss jedoch die Bundesnetzagentur die Aussetzung der Vorratsdatenspeicherung bis zur endgültigen rechtlichen Klärung. Kurz zuvor hatte das Oberverwaltungsgericht Nordrhein-Westfalen die deutsche Vorratsdatenspeicherung für europarechtswidrig erklärt.[99] Da abzusehen ist, dass der Europäische Gerichtshof zu einer ähnlichen Einschätzung kommen wird, ist für die 2020er Jahre ein (vorläufiges) Ende der Vorratsdatenspeicherung – der „Mutter aller Überwachungen" – zu erwarten. Das darf man als ein gutes Signal für die Freiheit werten.

Unsere Daten sind nicht sicher

Neben der staatlichen Bespitzelung und der Datensammelwut der Digitalkonzerne gibt es natürlich noch die wahren Cyberkriminellen, die immer neue Wege finden, im Internet Geld zu „verdienen". Alles ist gefährdet: Computer, Smartphones, Autos, Maschinen, Haussteuerungen, Videokameras und alle Geräte aus dem Internet der Dinge sind Angriffsziele. Die Methoden der Cyberkriminalität werden immer raffinierter, die Diebeszüge immer größer, die möglichen Folgen immer gravierender.

Hacker greifen unsere Daten an

Diejenigen Institutionen, Behörden und Unternehmen, die uns glauben machen wollen, dass unsere persönlichen Daten bei ihnen bestens aufgehoben sind, werden selbst ständig von Hackern angegriffen. Ihre, oder besser ausgedrückt, unsere Daten werden gestohlen, manipuliert, kompromittiert, ihre Systeme werden lahmgelegt, sie fallen regelmäßig auf digitale Erpressungen herein. Allein die Tatsache, dass sich die, wie man annehmen sollte, sicherste Behörde der Welt, die National Security Agency der USA, vom Mitarbeiter einer externen Beratungsfirma – Booz Allen Hamilton – Millionen von geheimen Dokumenten hat stehlen lassen (Stichwort: Snowden-Affäre), sagt im Grunde alles aus über den Schutz unserer Daten bei den staatlichen Behörden. Booz Allen Hamilton ist keine Hackergruppe, sondern zählt mit mehr als 24.000 Mitarbeitern zu den führenden Technologieberatungen der US-Regierung. Wer solche Freunde hat, braucht keine Feinde mehr.

Kommen die Feinde dennoch ins Spiel, wird es noch dramatischer. Anfang 2018 gelang es chinesischen Hackern, 614 Gigabyte an streng geheimen Informationen über das Rüstungsprojekt „Sea Dragon" der US-Navy zu erbeuten. Die Angreifer drangen in das kaum gesicherte Netzwerk einer Firma ein, die für das *Naval Undersea Warfare Center* arbeitete.[100] Dabei handelt es sich um eine militärische Organisation, die Forschung und Entwicklung für U-Boote und Unterwasserwaffen betreibt. Dem Vernehmen nach konnten die Hacker die streng geheimen Pläne der neuen Überschall-Antischiffsrakete „Sea Dragon" erbeuten, die 2020 in Dienst gehen soll. Die Marine bescheinigt dem „Seedrachen" eine „durchschlagende Offensivfähigkeit". Militärexperten stufen sie als Vorreiter einer neuen Generation hochvernetzter „intelligenter" Waffensystem ein, die von einem „dummen Träger" wie etwa auch einem Containerschiff aus gestartet werden könnten.

Dies ist möglich, weil die neue Rakete nicht vom startenden Schiff aus befehligt wird, sondern in ein komplexes Leitsystem integriert ist. Weiterhin gelangten „Signale und Sensordaten, U-Boot-Informationen zu Verschlüsselungssystemen und zu elektronischen Kriegsführung" in die Hände der Cyberkriminellen. Wenn die US-Militärs ihre eigenen Projekte derart „gut" schützen können, wie sehr liegt ihnen dann wohl der Schutz der personenbezogenen Daten ihrer Bevölkerung am Herzen?

Cyberangriffe, die bekannt werden, sind lediglich die Spitze eines Eisbergs: Die meisten Attacken inklusive Datenklau werden von den Unternehmen gar nicht gemeldet, erst recht nicht von staatlichen Einrichtungen oder gar dem Militär. Dementsprechend hoch ist auch die Dunkelziffer. Im Jahr 2015, also schon vor einiger Zeit, wurden rund 59 Millionen (!) Cyberattacken weltweit aufgedeckt. Im Jahr 2009 waren es noch lediglich 3,4 Millionen Angriffe gewesen. Man kann davon ausgehen, dass die Anzahl dieser Vergehen seitdem massiv zugenommen haben. Schreibt man lediglich die Entwicklung der vergangenen Jahre fort, kommt man auf über eine Milliarde Cyberangriffe im Jahr 2020.

Untersucht man die Art und Weise der Angriffe, so lassen sich die häufigsten Ursachen für Datenschutzverletzungen herausfinden. Es sind (in dieser Reihenfolge) Datenklau, Phishing, Manipulationen und Social Engineering sowie die unsachgemäße Verwendung von Daten. Unter dem Begriff Phishing (Neologismus von fishing, engl. für ‚Angeln') versteht man Versuche, über gefälschte Webseiten, E-Mails oder Kurznachrichten an persönliche Daten eines Internetbenutzers zu gelangen und damit Identitätsdiebstahl zu begehen. Ziel des Betrugs ist es, mit den erhaltenen Daten beispielsweise Kontoplünderung zu begehen und den entsprechenden Personen zu schaden. Es handelt sich dabei um eine Form des Social Engineering, bei dem die Gutgläubigkeit des Opfers ausgenutzt wird.

Der größte Datendiebstahl der Geschichte

Drei Milliarden (!) Nutzer-Accounts wurden im Jahr 2013 beim Online-Dienst Yahoo geknackt. Unter den gestohlenen Daten seien keine Passwörter im Klartext sowie keine Kreditkarten- oder Kontoinformationen, wiegelte das Unternehmen ab. Dennoch verschafften sich die Angreifer Zugriff auf Namen, E-Mail-Adressen, Telefonnummern sowie unkenntlich gemachte Passwörter. Ein Problem ist, dass wohl auch Antworten auf Fragen bei vergessenen Passwörtern betroffen waren, die auch auf anderen Websites vorkommen könnten.

Der Yahoo-Hack gilt bis heute als der weltweit größte bekannte Datendiebstahl der Geschichte. Bei ähnlichen Vorfällen waren „nur“ 100 Millionen Datensätze (jeweils bei LinkedIn und im russischen Netzwerk Vk.com), 83 Millionen (J.P. Morgan), 80 Millionen (US-Krankenversicherung Anthem), 68,7 Millionen (Dropbox), 56 Millionen (US-Baumarktkette Home Depot), 45,6 Millionen (US-Einzelhandelskette TJX), 40 Millionen (Supermarktkette Target), 21,5 Millionen (US-Personalverwaltung), 15 Millionen (Sony Pictures) und 15 Millionen Datensätze (T-Mobile) erbeutet worden. Es kommt indes nicht nur auf die Anzahl der Betroffenen an, sondern auch darauf, welche Informationen die Datendiebe erbeuten. So gelang es Cyberkriminellen im Jahr 2017 beim Angriff auf die Wirtschaftsauskunftsdatei *Equifax,* die Sozialversicherungsnummern von 145,5 Millionen Amerikanern zu stehlen. Mit der Sozialversicherungsnummer kann man sich in den Vereinigten Staaten beispielsweise bei Vertragsabschlüssen identifizieren.

Die Diebe bei Yahoo kamen nicht etwa über Nacht, sondern entwendeten die personenbezogenen Daten über Monate oder gar Jahre hinweg, ohne dass es dem Unternehmen aufgefallen wäre. Yahoo wurden offenbar bereits im Jahr 2014 mindestens 500 Millionen Kundendaten gestohlen und erst als man diesem Vorfall nachging, wurde klar, dass noch 2,5 Milliarden weitere Datensätze einem Diebstahl zum Opfer gefallen waren. Über Jahre hinweg hatten also die Betroffenen nicht einmal Kenntnis davon, dass ihre Konten geknackt waren. Man könnte eigentlich annehmen, dass die Digitalkonzerne ihre Firmennetzwerke permanent und lückenlos auf ungewöhnlichen Datenverkehr und mögliche Angriffsszenarien überprüfen. Nur so können sie im Fall der Fälle Angriffe noch stoppen oder – falls es dazu zu spät ist – die betroffenen Nutzer wenigstens informieren, sodass diese beispielsweise rasch ihre Passwörter ändern können.

Der GAU ist längst eingetreten

Wie tief die Unsicherheit sitzt, zeigen die als „Spectre“, „Meltdown“ und „Foreshadow“ bekannt gewordenen Sicherheitsprobleme.[101] In allen drei Fällen handelt es sich um gravierende Sicherheitslücken in den Mikroprozessoren (CPU) aller gängigen Chiphersteller wie Intel, AMD, ARM, Apple, IBM und Motorola, über die Angreifer die Kontrolle über die zentralen Chips eines Computers übernehmen können. Man kann getrost vom GAU, dem „größten anzunehmenden Unfall“ sprechen.

Am 1. Juni 2017 informierten jene Forscher, die diesen GAU entdeckten, die Hersteller. Am 3. Januar 2018 wurde die Sache öffentlich. Das Fatale daran ist, dass es sich um grundlegende Fehler bei der Chipentwicklung handelt, die mindestens bis in das Jahr 1991 zurückreichen und mit jeder neuen Prozessorgeneration einfach übernommen wurden.

Im Mai und Juli 2018 wurden weitere ähnliche CPU-Lücken aufgedeckt. Das heißt mit anderen Worten: Mit großer Wahrscheinlichkeit ist jeder betroffen, der einen Computer, ein Smartphone oder ein Tablet benutzt. Erst seit 2019 hat Intel sogenannte Cascade-Lake-Prozessoren verfügbar gemacht, die den Spectre, Meltdown und Foreshadow zugrunde liegenden Entwicklungsfehler nicht mehr aufweisen. Für alle älteren Computermodelle empfiehlt das Computer Emergency Response Team (CERT) der Carnegie Mellon University – das bei Computerzwischenfällen regelmäßig mit dem US-Verteidigungsministerium und der Heimatschutzbehörde zusammenarbeitet – den Austausch der Prozessoren. Man könnte es auch anders ausdrücken: Alle Computer, Smartphones und Tablets, die vor 2019 hergestellt wurden, waren grundlegend unsicher. Ob die heutigen Computer, Smartphones und Tablets sicherer sind, darf zumindest bezweifelt werden.

WannaCry – Warnung für die Digitalgesellschaft

Am 12. Mai 2017 nahm die bislang größte Warnung an die digitale Gesellschaft ihren Lauf.[102] An diesem schwarzen Freitag der Digitalwelt startete unter dem Namen *WannaCry* ein globaler Cyberangriff, bei dem über 230.000 Computer in 150 Ländern infiziert wurden. In allen Fällen verlangten die Angreifer - gewählte Dateien auf dem Rechner und verlangte vom Benutzer, binnen einer festgelegten Frist einen bestimmten Betrag in der Kryptowährung Bitcoin zu zahlen; andernfalls drohte Datenverlust. Darüber hinaus versuchte WannaCry sofort, nachdem es sich selbst installiert hatte, so viele weitere Rechner wie möglich zu infizieren. Der Angriff wurde von der europäischen Strafverfolgungsbehörde Europol hinsichtlich seines Ausmaßes als noch nie da gewesenes Ereignis beschrieben.

So groß die weltweiten Auswirkungen waren, so klein war der Fehler, den die Angreifer gnadenlos ausnutzten und das war wiederum so bezeichnend für das staatliche Sicherheitsverständnis. Die Story hört sich ganz nach „James Bond in der Cyberwelt“ an.

Die Basissoftware von Windows – das „Net Basic Input/Output System“, NetBIOS – wies eine Sicherheitslücke auf, den die US-amerikanische National Security Agency NSA entdeckte.

Statt jedoch den Windows-Hersteller Microsoft sofort zu informieren, damit dieser die Lücke so rasch wie möglich beheben kann, um alle Windows-Nutzer vor Schaden zu bewahren, nutzte die NSA diese Lücke über mehr als fünf Jahre hinweg für ihre eigenen Spionageaktivitäten aus. Hierzu ließ die NSA – vermutlich von der ihr nahestehenden Equation Group – ein eigenes Angriffsprogramm mit dem Namen EternalBlue entwickeln. Wie und in welchem Umfang die NSA die Software für Spionagezwecke einsetzte, ist bis heute unbekannt. Bekannt ist jedenfalls, dass dem Auslandsgeheimdienst der USA irgendwann klar wurde, dass man ihn bestohlen hatte: EternalBlue war in die falschen Hände geraten.

Erst zu diesem Zeitpunkt informierte die NSA den Hersteller Microsoft über das Problem. Das Unternehmen stellte daraufhin am 14. März 2017 einen Sicherheits-Patch zur Fehlerbehebung öffentlich zur Verfügung, damals allerdings nur für die noch von Microsoft unterstützten Betriebssysteme Windows Vista, Windows 7, Windows 8.1 und Windows 10 sowie für Windows Server 2008 und jüngere Versionen.

Einen Monat nach den Updates durch Microsoft wurde EternalBlue von der Hacker-Gruppierung The Shadow Brokers öffentlich gemacht. Damit waren alle Windows-Rechner angreifbar, bei denen der Sicherheits-Patch noch nicht aufgespielt war, oder die mit einer älteren Windows-Version ausgestattet waren und bei denen die Sicherheitslücke daher gar nicht geschlossen werden konnte. Darunter fielen nicht nur Millionen von Privatpersonen und abertausende kleinerer und mittelständischer Firmen, sondern auch zahlreiche Großunternehmen.

So traf der Cyberangriff beispielsweise den spanischen Telekommunikationskonzern Telefónica, das US-amerikanische Logistikunternehmen FedEx, den französischen Automobilkonzern Renault, den japanischen Automobilhersteller Nissan in Großbritannien, den chinesischen Ölkonzern PetroChina, das russische Telekommunikationsunternehmen MegaFon und die Deutsche Bahn mit der Logistiktochtergesellschaft Schenker. Bei der Deutschen Bahn wurden rund 450 Rechner infiziert und führten unter anderem zum Ausfall von Anzeigetafeln an zahlreichen Bahnhöfen. In Russland waren mehr als 1.000 Computer im Innenministerium und das Katastrophenschutzministerium betroffen, in Rumänien das Außenministerium, in Großbritannien der National Health Service (NHS) mit mehreren Krankenhäusern. Es waren wohl schon in der ersten Angriffswelle Ziele in mindestens 99 Ländern betroffen.

In Deutschland stufte das Bundesinnenministerium den Fall als besonders schwerwiegend ein. Regierungsnetze sollen nicht betroffen gewesen sein. Der Präsident des Bundesamtes für Sicherheit in der Informationstechnik Arne Schönbohm ließ per Pressemitteilung erklären: „Die aktuellen Angriffe zeigen, wie verwundbar unsere digitalisierte Gesellschaft ist. Sie sind ein erneuter Weckruf für Unternehmen, IT-Sicherheit endlich ernst zu nehmen und nachhaltige Schutzmaßnahmen zu ergreifen. Die aktuelle Schwachstelle ist seit Monaten bekannt, entsprechende Sicherheitsupdates stehen zur Verfügung. Wir raten dringend dazu, diese einzuspielen.“

Die unrühmliche staatliche Rolle thematisiert Deutschlands oberster IT-Sicherheitschef nicht, er schiebt die Schuld auf die Unternehmen, die nicht binnen weniger Wochen die Lücke geschlossen haben. Jene Lücke, die von den Geheimdiensten mehr als fünf Jahre lang verschwiegen wurden.

Erinnert bereits die Geschichte und die Ausbreitung von WannaCry an James Bond in der Digitalwelt, so mutet die Bekämpfung beinahe ebenso abenteuerlich an. Schon am 12. Mai 2017, also nur knapp zwei Monate nach dem Ausbruch, entdeckten Sicherheitsforscher bei ihren Analysen durch Zufall eine Art „Notausschalter", der eine weitere Infektion eindämmte. Die Forscher fanden im Code der Schadsoftware einen Hinweis auf eine zu dem Zeitpunkt nicht registrierte Domain (ein „www-Name") und richteten eben diese Domain ein. Auf dem darunter betriebenen Server verzeichneten die Forscher sofort tausende Verbindungsversuche und stellten fest: Sobald die Schadsoftware den Server findet, stoppt sie die weitere Verbreitung. Ob die Cyberkriminellen einen Fehler gemacht hatten oder sich selbst einen „Notschalter" in das Programm einbauen wollten, ist bis heute unbekannt. Tatsache ist, dass es dadurch gelang, die Ausbreitung deutlich einzudämmen.

Es ist kein Einzelfall, dass die Geheimdienste ihnen bekannt werdende Sicherheitslücken für sich behalten und ausnutzen, statt den Hersteller zu benachrichtigen, damit dieser für Abhilfe sorgen kann. Microsofts Präsident und Rechtsvorstand Brad Smith verweist auf wiederholtes Bekanntwerden von Angriffsprogammen auf solche Softwareschwächen aus den Beständen der CIA und der NSA. Er vergleicht dies mit dem Abhandenkommen von Marschflugkörpern aus militärischen Einrichtungen und wirft „den Regierungen der Welt" vor, nicht ausreichend vor Software-Schwachstellen zu warnen, welche ihre Geheimdienste entdecken. Der Microsoft-Präsident fordert: „Wir brauchen Regierungen, die sich des Schadens für Zivilpersonen bewusst sind, der aus dem Anhäufen und Ausnutzen solcher Software-Sicherheitsprobleme entsteht."

Ein Vertreter der US-Regierung schrieb die Verantwortung für „WannaCry" im Dezember 2017 Nordkorea zu. Der Angriff wurde dabei von einem der Sicherheitsberater des Präsidenten als „feige", „teuer" und „rücksichtslos" beschrieben. Das könnte sogar stimmen. Immerhin teilten die Sicherheitsfirmen Kaspersky und Symantec schon im Mai 2017 mit, dass der Code von WannaCry die Vermutung zulasse, die Schadsoftware sei im staatlichen Auftrag Nordkoreas erstellt worden.

WannaCry hat für jeden sichtbar demonstriert, wie Spionage – in diesem Fall durch die NSA unter Ausnutzung einer Windows-Lücke – nach hinten losgehen kann, weil eben auch die Täter diese offenen Einfallstore für Cyber-Kriminalität nutzen. Man sollte WannaCry daher als einen Weckruf für gemeinsames Handeln von Staat und Wirtschaft verstehen. Es wäre grob fahrlässig zu warten, bis die nächste vermutlich noch größere Angriffswelle auf uns zukommt. Eine Abhilfe wäre eine Selbstverpflichtung der Staaten, Sicherheitslücken nicht zu verheimlichen und umgekehrt die Pflicht der Unternehmen, auftretende Sicherheitsvorfälle zu melden.

Jahre nach dem ersten Ausbruch von WannaCry ist die Gefahr im Übrigen noch längst nicht gebannt. Eternal Blue wird weiterhin genutzt, um Rechner zu attackieren. Angreifern ist es offenbar gelungen, das Angriffsprogramm so weiterzuentwickeln, dass unter bestimmten Umständen auch Windows 8 und Windows 10 angegriffen werden können. So wird die neue Variante genutzt, um Kryptomining auf fremden Rechnern durchzuführen oder für Angriffe auf Unternehmensnetzwerke beispielsweise beim Flugzeughersteller Boeing. Noch immer suchen Millionen infizierter Geräte nach potenziellen neuen Opfern.

Im August 2018 fiel der taiwanische Prozessorproduzent Taiwan Semiconductor Manufacturing Company (TSMC) WannaCry zum Opfer. Zeitweise musste die Fertigung eingestellt werden. Das Unternehmen geht dadurch von Umsatzeinbußen in Höhe von 150 Millionen Euro aus. In den Produktionsstätten von TSMC werden auch Chips für Apples iPhone gefertigt und die Auslieferung der damals aktuellen iPhone-Produktion wurde durch den Angriff zeitlich verzögert.

Die Angriffe der Cyberkriminellen auf Firmen und staatliche Einrichtungen setzen sich fort. In der Bundesrepublik Deutschland lag die Anzahl der Opfer von Internetkriminalität im Jahr 2020 bei rund 17,7 Millionen. Der Verfassungsschutz zählt alle drei Minuten einen Angriff auf eine Firma in Deutschland, auf 55 Milliarden Euro wird der jährliche Schaden für die deutsche Wirtschaft veranschlagt.[103]

Größer Hackerangriff auf die USA in der Krise 2020

Wie weit die Risiken von Cyberkriminalität über „bloßes Geld" hinausgehen, wurde 2020 erneut deutlich. Mitten im Krisenjahr der Coronavirus-Pandemie wurde öffentlich, dass Hacker mindestens ein halbes Jahr lang mehr oder minder freien Zugang zu zahlreichen US-amerikanischen Behördencomputern erlangt hatten. Es galt als der größte Hackerangriff auf die USA seit 2014.[104] Zwischen dem Frühjahr und Herbst 2020, also über Monate hinweg, hatten Hacker zentrale Behörden der Vereinigten Staaten von Amerika von Hackern angegriffen und ausspioniert, darunter auch die Atomwaffenbehörde National Nuclear Security Administration (NNSA). Die kriminelle Hackergruppe hatte die Schadsoftware „Sunburst" auf Systeme von bis zu 18.000 Nutzern der Netzwerkmanagement-Plattform Solar-Winds Orion installiert. Im Herbst 2020 wurde deutlich, dass sich eine zweite, von der ersten unabhängige Hackergruppe, genannt „Supernova" im US-Behördennetz eingenistet hatte. Mit anderen Worten: Die US-Regierung war 2020 auf breiter Front von gleich zwei cyberkriminellen Gruppierungen gleichzeitig angegriffen worden – und der Angriff war so raffiniert durchgeführt worden, dass er über Monate hinweg nicht einmal auffiel.

Die für die Sicherheit zuständige Cybersecurity and Security Agency (CISA) bescheinigte, die Hacker hätten „Raffinesse und komplexes Handwerk“ demonstriert. Es sei „extrem schwierig“, die Eindringlinge aus den Systemen zu entfernen.[105] Die CISA sah durch die Attacken Gefahren für die Bundesregierung in Washington, für Regierungen von Bundesstaaten und Kommunen und für die kritische Infrastruktur sowie für die Computer des US-Finanzministeriums.[106] Die Vermutung, dass die russische Regierung dahintersteckte, konnte nie erhärtet werden. Vielleicht waren es auch Russland und Nordkorea gleichzeitig.

Angriff auf die Impfstoffe

Als ob es noch einer Bestätigung bedurft hätte über das Gefahrenpotential des Cyberterrorismus, musste die Europäische Arzneimittelbehörde EMA kurz vor Weihnachten 2020 einen „unrechtmäßigen Zugriff“ vermelden. Die Hacker hatten Zugang zu den Impfstoffdokumenten der deutschen Firma Biontech erhalten, einem der Impfstoffe, die die Welt gegen das grassierende Coronavirus immun machen sollten. Zur Klarstellung: Die Hacker waren nicht bei Biontech selbst zu den Informationen gekommen, sondern bei der zuständigen staatlichen Zulassungsbehörde. Immerhin: Die Behörde leitete „umgehend“ eine Untersuchung ein. Man muss sich die damalige Situation im Jahr 2020 vergegenwärtigen: Praktisch die ganze Welt suchte händeringend nach Impfstoffen gegen das Coronavirus, die Firma Biontech hatte endlich einen wirksamen Impfstoff gefunden und die für die Zulassung dieses Impfstoffs zuständige europäische Behörde war nicht in der Lage, die von dem Pharmahersteller eingereichten Dokumente ausreichend zu schützen. Wer hinter dem Hackerangriff steckte, wurde nicht bekannt, aber die Vermutung, dass es ein Staat war, liegt sehr nahe, beispielsweise China, Russland oder die USA, möglicherweise auch Nordkorea.

Das World Economic Forum (WEF) bewertete in seinem „Global Risk Report 2020“ Cybercrime als das zweitgrößte Sicherheitsrisiko für die Weltwirtschaft bis zum Jahr 2030. Die größten Cyberattacken liegen also nicht hinter uns, sondern vor uns. Weltweit hat der durch Cyberkriminalität angerichtete Schaden 2020 laut Schätzungen erstmals die Marke von einer Billion Dollar überschritten.

Für das Thema des vorliegenden Buches bedeutet dies: Gleichgültig, ob Unternehmen oder Staaten unsere Daten aus welchen Gründen auch immer erfassen, eine sichere Aufbewahrung ist weder bei den Firmen noch bei den Behörden gewährleistet. Daher sind wir gut beraten, so wenige Daten wie möglich von uns preiszugeben.

Allerdings sind Hacker nicht zwangsläufig als „Bösewichte“ einzustufen. Das zeigten im Frühjahr 2022 eindrucksvoll die Cyberangriffe auf Russland als Reaktion auf den Einmarsch der russischen Armee in der Ukraine.

Hacker greifen Putin an

2022 erklärten die Hacker von Anonymous dem russischen Präsidenten Wladimir Putin den Krieg. Binnen gut einer Woche nach dem Start der russischen Invasion in der Ukraine brachte die Hackergruppe mehr als 2500 Webseiten von Regierungsbehörden, Flughäfen und Medien in Russland und Belarus unter ihre Kontrolle. Ausdrücklich betonte Anonymous, dass man der russischen Bevölkerung nicht schaden wolle und daher keine kritischen Infrastrukturen wie Atomkraftwerke angreife.

So konzentrierten sich die Hacker vor allem auf die Medien, die sich an die Bevölkerung Russlands richten. In Videos, die auf beinahe allen russischen TV-Kanälen gezeigt wurden, hieß es: „Wir sind normale Bürger Russlands. Wir sind gegen den Krieg auf dem Territorium der Ukraine. Dieser Krieg wurde von Putins kriminellem, autoritären Regime im Namen der einfachen russischen Bürger geführt. Russen, widersetzt euch dem Völkermord in der Ukraine.“ Auf der Internetseite der Zeitung „Iswestija“ erschien der Text: „Wir fordern Sie dringend auf, diesen Wahnsinn zu stoppen, schicken Sie Ihre Söhne und Ehemänner nicht in den sicheren Tod. Putin bringt uns zum Lügen und bringt uns in Gefahr. ... In ein paar Jahren werden wir wie in Nordkorea leben. ... Das ist nicht unser Krieg, lasst uns ihn stoppen!“ Das war eindrucksvoll und beängstigend zugleich: Wären die Hacker in der Lage, unsere westlichen Infrastrukturen genauso schnell zu knacken? Vermutlich schon![107]

Unsere digitale Zukunft

„Nichts wird so heiß gegessen, wie es gekocht wird“, lautet ein altes deutsches Sprichwort. Anders ausgedrückt: Es wird schon nicht so schlimm werden. Bei der Digitaltechnik könnte es genau andersherum kommen: Es wird dramatischer, als wir uns das alle vorstellen können. Dabei gehört das Digitalkartell aus Staat und Wirtschaft möglicherweise noch zu den kleineren unserer Probleme. Politik und Gesellschaft verkennen in weiten Teilen die Auswirkungen der globalen digitalen Revolution auf die Wirtschaft und das Leben der Bevölkerung.

Verharmlosung der Digitaltechnik

Die Verharmlosung der Digitaltechnik geht davon aus, dass sich die bisherige Welt Jahr für Jahr in kleinen Schritten voran bewegt. Das Smartphone wird immer etwas besser, der Akku hält immer etwas länger, bei den sozialen Netzwerken kommt immer mal wieder ein neuer Player hinzu. Diese Einstellung ist aus der Sicht der Autoren dieses Buches falsch und fatal. Sie verkennt, dass die digitale Entwicklung exponentiell verläuft und damit disruptiv auf alle Aspekte der Politik, Wirtschaft und Gesellschaft wirkt.

Schlimmer noch: Sie ignoriert Machtverschiebungen und besitzt gleichzeitig das Potenzial, Machtverluste herbeizuführen.

Der Beruf des Hufschmieds wurde nicht abgelöst, weil sich die Pferde veränderten, sondern weil das Transportwesen mit der Erfindung des Automobils keine Pferde mehr brauchte. Nokia wurde nicht binnen weniger Jahre hinweggefegt, weil Apple die besseren Handys baute, sondern weil Apple grundlegend andere Geräte – Smartphones – auf den Markt brachte. Bei selbstfahrenden E-Autos beschleicht derzeit viele Menschen eine Ahnung, dass diese Entwicklung zu ebenso disruptiven Veränderungen führt, die eine ganze Branche an den Abgrund führen könnte. „Könnte? – wohl eher „wird". 40 Prozent der Weltbevölkerung – über 3 Milliarden Menschen – sind heute in sozialen Netzwerken aktiv; rund ein Drittel kamen allein in den letzten zwei Jahren hinzu.

Vor allem die Geschwindigkeit der Digitalisierung wird häufig unterschätzt. Der Begriff von der „Digitalen Revolution" ist nicht übertrieben, er beschreibt schlichtweg unsere Zukunft, mit allen – und zwar enormen(!) – Chancen, aber eben auch mit Risiken. Es wäre Aufgabe der Politik, unsere Gesellschaften auf diese Entwicklung vorzubereiten.

Exponentielle Entwicklung voraus

„Die Menschen werden immer mehr reisen", waren sich die Hufschmiede einer glänzenden Zukunft gewiss – und irrten sich. Wer heute Verantwortung in Politik, Wirtschaft oder Gesellschaft trägt und nicht berücksichtigt, dass die digitale Revolution exponentiell und nicht linear verlaufen wird, handelt unverantwortlich. Verharren und Verdrängen ist kein politisches Programm für die Zukunft, übrigens auch nicht für jeden Einzelnen von uns! Wer schlau ist, wartet nicht, bis „die da oben“ seine beziehungsweise ihre Zukunft gestalten, sondern nimmt sie besser selbst in die Hand.

In diesem Buch wurden an vielen Stellen die andauernde Nutzung der Digitaltechnik zur Bespitzelung der Bevölkerung durch Unternehmen und durch den Staat beschrieben, doch es gibt natürlich auch Positives zu vermelden: Leicht lässt sich die Digitaltechnik nutzen, um eine eigene Firma auf die Beine zu stellen. Risiken und Chancen liegen durchaus nahe beieinander.

Es ist die Aufgabe der Verantwortungsträger in unserer Gesellschaft, dafür Sorge zu tragen, dass die digitale Revolution nicht zu einer „echten Revolution“ führt. Sich der Digitalisierung zu verweigern, ist dabei sicherlich keine Strategie. Die digitalen Weltmächte wie Apple, Amazon, Google und Meta (Facebook) haben heute schon mehr finanzielle Ressourcen und mehr „digitale Einwohner“ als die meisten Staaten. Und sie denken und handeln nicht in Wahlperioden oder Landesgrenzen. Diese Digitaloligopole bewerten die herrschenden politischen Systeme überwiegend negativ oder ignorieren sie schlichtweg, weil sie ihre eigenen gesellschaftlichen Vorstellungen durchsetzen und sich nicht vom politischen Stillstand bremsen lassen wollen. Demokratische Grundsätze und Rechtsprechung stehen dabei nicht immer an erster Stelle.

Digitalkonzerne gegen Staatsmacht

Es handelt sich tatsächlich um ein Ringen der Digitalkonzerne mit der Staatsmacht. Die Unternehmen gehen davon aus, sie hätten die weitsichtigere digitale Vision, die bessere Technologie, die treuere Gefolgschaft und letztlich auch mehr Macht als die Staaten, sodass sie sich nicht an die Gesetzgebung halten müssten. Das gilt umso mehr, als die Unternehmen beinahe durchweg global denken, die Gesetze aber natürlich nur national greifen. Die Regierungen sehen dieser Entwicklung natürlich nicht tatenlos zu, auch wenn ihr Handeln gelegentlich hilflos wirkt wie etwa bei der Datenschutz-Grundverordnung der Europäischen Union. Die Länder mit einem machtstarken Staatsverständnis sind bereits dabei, einen einfachen Weg zu finden, sich die Dominanz der Digitalwirtschaft zunutze zu machen: Sie erklären einfach alle Daten, die Unternehmen auf welchen Wegen auch immer sammeln, zu staatlichem Eigentum. Der Patriot Act und der Cloud Act der US-Regierung stehen beispielhaft für dieses Modell: Beide Gesetze geben vereinfacht gesagt US-Behörden Zugang zu allen Daten von Unternehmen, die in den USA aktiv sind (und welche Firma in der Digitalwirtschaft ist nicht in den USA engagiert?).

Noch einfacher ist das chinesische Modell: Alle Daten der chinesischen Wirtschaft gehören per se auch dem Staat. Während heute in erster Linie US-amerikanische Digitalkonzerne zu nennen sind, ist abzusehen, dass die digitale Revolution einen zweiten zusehends asiatischen Fokus erhalten wird. Über die vergangenen Jahre hat sich in asiatischen Ländern ein ganz eigenes digitales Ökosystem entwickelt. Manche Firmen sind mittlerweile weltweit ein Begriff, der Suchmaschinen- und Technologiekonzern Baidu etwa, das chinesische Amazon Alibaba, Japans Facebook Mixi und der Twitter-Klon Weibo sowie die südkoreanische Alleskönner-App Kakao Talk. Eine aktive Rolle Europas ist derzeit auf keinem dieser Gebiete auch nur im Ansatz erkennbar.

Die Digitalwirtschaft ist davon überzeugt, die Digitalisierung besser zu beherrschen als die Staaten und sie vertritt die feste Überzeugung, dass sie der Menschheit hilft. Und man kann schwer widersprechen: Die Informationen unserer Zivilisation gebündelt in einer Suchmaske, überall auf der Welt kommunizieren können, mit der Smartwatch dank Sensoren permanent den eigenen Gesundheitszustand überwachen – das sind tatsächlich Visionen, von denen frühere Dekaden träumten als Inkarnation der „Information Society", der Informationsgesellschaft.

Dennoch fällt es vielen Menschen offenbar schwer, zu begreifen, dass es sich hier nicht um das Ende, sondern um den Anfang einer exponentiellen digitalen Entwicklung handelt. Wir sehen Kleinkinder mit Tablet und Schnuller vor uns, aber begreifen nicht auf Anhieb, dass diese Generation mit der Digitalisierung in einer Symbiose verwächst, die der heutigen Generation fremd ist und häufig Angst macht. Staaten, Unternehmen, Gesellschaften und Individuen sind indes gut beraten, sich auf diese Entwicklung so gut und so rasch wie möglich vorzubereiten. Diese Digitalisierung wird zweifelsohne vielen Menschen viele Vorteile bescheren – aber beinahe ebenso unausweichlich wird sich damit der Angriff auf unsere Privatsphäre fortsetzen.

Wir, die Zivilgesellschaft, sind gut beraten, den Datenschutz nicht als lästiges Übel einzustufen, sondern als Bastion zur Wahrung unserer Privatheit in einer Welt der allumfassenden Digitalisierung. Der Schutz unserer Privatsphäre ist ein hohes Gut, das wir nicht allein dem Gesetzgeber oder der eigenen Bequemlichkeit anheim geben sollte.

Daher geben die Autoren des vorliegenden Buches abschließend eine Reihe konkreter Tipps und Ratschläge, mit der jeder von uns seine eigene Privatsphäre schützen kann.

Tipps zum Abschluss

So ist angesichts der Datenspionage aller Orten die intensive Nutzung des sogenannten TOR-Netzwerks zu empfehlen. Das Kürzel steht für „The Onion Router“ und bezeichnet ein weltweites Netzwerk, in dem jedermann weitgehend anonym im Internet unterwegs sein kann.

Die offiziellen Stellen wollen uns häufig einreden, dass man sich als Krimineller outet, wenn man TOR einsetzt. Doch das ist falsch. Journalisten, Aktivisten, Informanten, Diplomaten und letztlich jedermann hat das Recht auf Anonymität. Wer einen

Laden betritt und mit Bargeld bezahlt, muss ja auch keine Angaben zur Person machen und wir unterstellen dennoch nicht, dass er dort Drogen oder Waffen kauft.

Für alle, die sich mit der Materie nicht auskennen, empfiehlt sich ein Blick ins sog. Hidden Wiki (https://thehiddenwiki.org) . Ebenfalls eine Empfehlung wert ist der frei verfügbare TOR-Browser für anonymes Surfen unter https://www.torproject.org.

Wer sich vor der ständigen Beobachtung durch Google schützen will, sollte zudem besser die Suchmaschine Startpage (www.startpage.com) benutzen. Als Alternative wird auch häufig DuckDuckGo (www.duckduckgo.com) empfohlen.

Für höchstmögliche Anonymität im Internet kann „The Amnesic Incognito Live System“ (TAILS) verwendet werden. Dies ist eine Linux-Variante, die sich bequem auf einem Speicherstick installieren lässt (die Anleitung dazu findet sich unter https://tails.boum.org/index.html).

Zudem gibt es einfache Tipps für jedermann, um wenigstens den offensichtlichsten Gefahren vorzubeugen. Dazu gehören: regelmäßige Backups erstellen, essenziell wichtige Informationen ausdrucken und in Papierform aufbewahren, neue Updates zügig einspielen, keine leicht zu erratenden Passwörter verwenden, das jeweils höchste angebotene Sicherheitsniveau wählen (beispielsweise Zwei-Faktor-Authentifizierung) und auf Datensparsamkeit achten, also so wenig Daten wie möglich preisgeben.

Über die Autoren

Marc Ruberg

Marc Ruberg, Kernphysiker und Informatiker, kennt sich mit Datenschutz und Datensicherheit aus wie kaum ein anderer. Er ist Verantwortlicher für das Hochschulnetz des Landes Baden-Württemberg, stimmberechtigtes Mitglied im berühmt-berüchtigten Chaos Computer Club (CCC) und aktives Mitglied im Diplomatic Council, einem globalen Think Tank mit Beraterstatus bei den Vereinten Nationen (UNO).

Im Diplomatic Council hat er die viel beachteten Bücher „Cyber War – Die digitale Bedrohung" und „Der Wahn mit dem Datenschutz – Ein Plädoyer für mehr Datenschutz, aber richtig" sowie gemeinsam mit Co-Autor Detlef Schmuck das Werk „Metaverse – Die Welt nach dem Internet" veröffentlicht.

Das Credo von Marc Ruberg: Die digitale Welt ist unsicherer als je zuvor und „Otto Normalverbraucher" und „Lieschen Müller" sind die gläsernsten Bürger:innen und Verbraucher:innen aller Zeiten. Vor diesem Hintergrund versteht sich Marc Ruberg als Vorkämpfer für mehr Privatsphäre, mehr Datensicherheit und mehr Datenschutz in einer immer digitaleren Welt.

Detlef Schmuck

Detlef Schmuck hat mehr als 25 Jahre Erfahrung in leitenden Positionen unterschiedlicher IT-Unternehmen. Insbesondere verfügt er über Expertise bei den Themen Netzwerk, IT- und Datensicherheit sowie Datenschutz. Er ist Geschäftsführer und Mitgründer des Softwareherstellers TeamDrive Systems GmbH.

In unzähligen Veröffentlichungen und in zahlreichen Vorträgen sowie in seinem unternehmerischen Engagement setzt sich Detlef Schmuck vehement für das Recht einer hohen Verschlüsselung ohne Backdoors ein, um den Schutz der Privatsphäre in der digitalen Welt zu gewährleisten. Dabei geht es ihm sowohl um die private Kommunikation als auch um den Schutz und die Sicherheit der Datenbestände in der Wirtschaft. „Die Daten stellen für die meisten Unternehmen heutzutage das wichtigste Betriebsvermögen dar“, lautet sein Credo. Sie zu schützen, sollte daher oberste Priorität besitzen.

Im Diplomatic Council hat er maßgeblich an den Werken „Denken 5.0 – Was die klügsten Köpfe eines globalen Think Tank über unsere Zukunft denken“ und „Metaverse – Was es ist, wie es funktioniert, wann es kommt“ mitgewirkt.

Bücher im DC Verlag

Denken 4.0 – Welt im Umbruch. Was die klügsten Köpfe eines globalen Think Tank über unsere Zukunft denken.
Buddhi K. Athauda, Thi Thai Hang Nguyen, Andreas Dripke, 332 Seiten, Hardcover, ISBN 978-3-947818-00-6

Mein Atomknopf ist größer – America vs. North Korea.
Jamal Qaiser, 184 Seiten, Paperback, ISBN 978-3-947818-01-3

Stasi 2.0 – Wie wir durch den staatlich-industriellen Digitalkomplex zu gläsernen Bürgern werden und was das für unsere Zukunft bedeutet. 2. aktualisierte Auflage, Andreas Dripke, Markus Miksch, 444 Seiten, ISBN 978-3-947818-05-1

Rechtsruck – Wie das Wiedererstarken des Nationalismus Deutschland in die Katastrophe führt. Anonyme Autoren, 660 Seiten, Paperback, ISBN 978-3-947818-06-8

Pandemie – Die Welt im Corona-Krieg, 2. aktualisierte Auflage. Andreas Dripke, Markus Miksch, 148 Seiten, Paperback, ISBN 978-3-947818-13-6

Covid-19 Falsche Pandemie – Die fatalen Fehler der WHO und ihre verhängnisvollen Folgen. Jamal Qaiser, Markus Miksch, 234 Seiten, Paperback, ISNB 978-3-947818-15-0

75 Jahre UNO – Macht und Ohnmacht der Vereinten Nationen. Andreas Dripke, Hang Nguyen, 330 Seiten, Paperback, ISBN 978-3-947818-07-5

Die Dekade 2020-2030 – Das kommt auf uns zu!, Andreas Dripke, Hang Nguyen, 362 Seiten, ISBN 978-3-947818-17-4

Corona und Impfen, Andreas Dripke et al., 188 Seiten, ISBN 978-3-947818-18-1

Hacker – Angriff auf unsere Computer-Zivilisation, Anonyme Autoren, 432 Seiten, ISBN 978-3-947818-23-5

Künstliche Intelligenz (KI) – Wir werden gedacht, Dr. Horst Walther, Andreas Dripke, 208 Seiten, Paperback, ISBN 978-3-947818-25-9

Migration nach Europa – Wir schaffen das und die Folgen, Anonyme Autoren, 510 Seiten, Paperback ISBN 978-3-947818-32-7

Auto – Vom Diesel-Desaster bis zum selbstfahrenden E-Auto, Autorengemeinschaft Diplomatic Council, 572 Seiten, Paperback, ISBN 978-3-947818-09-9

Digitale Disruption – Alles wird anders, Andreas Dripke et al., 216 Seiten, Paperback, ISBN 978-3-947818-34-1

Welt ohne Bargeld – Bitcoin und andere Kryptowährungen, Andreas Dripke, Stephanie Stoerk, 176 Seiten, Paperback, ISBN 978-3-947818-41-9

Die biometrische Vermessung der Menschheit, Andreas Dripke et al., 212 Seiten, Paperback, ISBN 978-3-947818-39-6

Apple Car – Wie der iKonzern das Auto neu erfindet, Andreas Dripke et al., 284 Seiten, Paperback, ISBN 978-3-94-7818-43-3

Der Wahn mit dem Datenschutz, Marc Ruberg et al., 136 Seiten, Paperback, ISBN 978-3-947818-51-8

Inside WHO – Dr. Tedros und die Weltgesundheitsorganisation, Andreas Dripke et al., 124 Seiten, Paperback, ISBN 978-3-947818-27-3

Interim Manager berichten aus der Praxis: Automotive, Reihe „Von Interim Managern lernen", Hrsg. Dr. Harald Schönfeld, Jürgen Becker, 404 Seiten, Paperback, ISBN 978-3-947818-29-7

Denken 5.0 – Was die klügsten Köpfe eines globalen Think Tank über unsere Zukunft denken; Andreas Dripke, Claude Piel, Detlef Schmuck, Dr. Harald Schönfeld, Helmut von Siedmogrodzki, Stephanie Stoerk, Dr. Horst Walther;
240 Seiten, Paperback, ISBN 978-3-94-7818-36-5

Digitale Identität – Unser Zwilling im Datennetz, Andreas Dripke et al. 164 Seiten, Paperback, ISBN 978-3-947818-53-2

Die Apple Agenda – Welche Märkte der iKonzern künftig revolutionieren wird, Andreas Dripke et al., 260 Seiten, Paperback, ISBN 978-3-947818-47-1

Der digitale Euro – Computergeld statt Bares, Andreas Dripke, Stephanie Stoerk, Paperback, 232 Seiten, ISBN 978-3-947818-61-7

2045 – Das Jahr, in dem die Künstliche Intelligenz schlauer wird als der Mensch, Andreas Dripke, Dr. Horst Walther, 104 Seiten, ISBN 978-3-947818-57-0

Hilfe, wir werden gechippt! – Vom Mikrochip unter der Haut bis zum Hirnschrittmacher, Andreas Dripke et al., 176 Seiten, Paperback, ISBN 978-3-947818-55 -6

Der Dritte Weltkrieg – Das Undenkbare denken, die deutsche Ausgabe von „How to avoid World War III", Hang Nguyen, Jamal Qaiser, 216 Seiten, Paperback, ISBN 978-3-947818-67-9

Auto ohne Lenkrad – Das selbstfahrende Auto steht vor der Tür, Patrick Dripke, Thomas Gronenthal, 140 Seiten, Paperback, ISBN 978-3-947818-79-2

Irrfahrt E-Auto – Abgesang auf die deutsche Autoindustrie, Thomas Gronenthal et al., 212 Seiten, Paperback, ISBN 978-3-947818-81-5

Was nach dem Smartphone kommt – Ein Blick in unsere digitale Zukunft, Andreas Dripke, 152 Seiten, Paperback, ISBN 978-3-947818-69-3

Roboter im Alltag – Maschinen (beinahe) wie Menschen, Andreas Dripke, 176 Seiten, Paperback, ISBN 978-3-947818-71-6

Cyber War – Die digitale Bedrohung, Marc Ruberg et al., 244 Seiten, Paperback, ISBN 978-3-947818-45-7

Metaverse – Was es ist, wie es funktioniert, wann es kommt, Marc Ruberg, Detlef Schmuck, 258 Seiten, Paperback, ISBN 978-3-947818-87-7

Alles über Krypto – NFT, Blockchain, Bitcoin & Co., Andreas Dripke, Stephanie Stoerk, 160 Seiten, Paperback, ISBN 978-3-98674-007-8

Interim Manager berichten aus der Praxis: Maschinen- und Anlagenbau, Reihe „Von Interim Managern lernen", Hrsg: Dr. Harald Schönfeld, Jürgen Becker, 312 Seiten, Paperback, ISBN 978-3-947818-75-4

Die Rückkehr der Kernkraft – Warum Atomenergie unsere Zukunft ist, Andreas Dripke, Hang Nguyen, Marc Ruberg, 204 Seiten, Paperback, ISBN 978-3-947818-95-2

Computer wie Götter – Die Rechenknechte übernehmen die Herrschaft, Andreas Dripke, Hang Nguyen, 148 Seiten, Paperback, ISBN 978-3-98674-005-4

Der Wahn mit der Bürokratie – Wie Bürokratismus unsere Gesellschaft zerstört, Andreas Dripke, Hubert Nowatzki, 260 Seiten, Paperback, ISBN 978-3-94-7818-89-1

Interim Manager berichten aus der Praxis: Business Transformation, Reihe „Von Interim Managern lernen", Hrsg: Dr. Harald Schönfeld, Jürgen Becker, ca. 360 Seiten, ISBN 978-3-98674-009-2

Das Versagen des Westens in Afghanistan, Syrien und der Ukraine, Hang Nguyen, Jamal Qaiser, 148 Seiten, Paperback, ISBN 978-3-947818-97-6

Klimakatastrophe – Wahn oder Wirklichkeit?, Hang Nguyen et al., 180 Seiten, Paperback, ISBN 978-3-947818-49-5

Wenn sich China und Russland verbünden... – Die Herausforderung der Freien Welt, Andras Dripke, Hang Nguyen, Jamal Qaiser, 260 Seiten, Paperback, ISBN 978-3-98674-016-0

Über das Diplomatic Council

Das vorliegende Werk ist im Verlag des Diplomatic Council (DC) erschienen: DC Publishing.

Das Diplomatic Council verknüpft einen globalen Think Tank, ein weltweites Business Network und eine Charity Foundation in einer einzigartigen Organisation mit Beraterstatus bei den Vereinten Nationen.

Unsere Mitglieder vertreten die feste Überzeugung, dass Wirtschaftsdiplomatie ein tragendes Fundament für die internationale Völkerverständigung und den friedlichen Umgang der Nationen darstellt. Aus dieser Erkenntnis heraus überträgt das Diplomatic Council das Ziel der globalen Völkerverständigung in ein ökonomisches Mandat. Die Methodik eines weltweiten Wirtschaftsnetzwerkes wird hierzu mit der diplomatischen Kommunikationsebene der Staaten dieser Erde untereinander verknüpft. Vor diesem Hintergrund sind im Diplomatic Council Persönlichkeiten aus Diplomatie, Wirtschaft und Gesellschaft engagiert, die mit Augenmaß ausgewählt werden und die sich durch eine hohe Akzeptanz, eine hohe Kompetenz und ein mit den Grundpfeilern des Diplomatic Council übereinstimmendes Wertesystem auszeichnen. Ebenso sind Unternehmen willkommen, für die Corporate Social Responsibility weit mehr als ein Schlagwort ist.

Weitere Informationen: www.diplomatic-council.org/application

Quellenangaben und Anmerkungen

[1] https://www.inhaltsangabe.de/orwell/1984/

[2] https://www.zeit.de/2020/07/wikileaks-gruender-julian-assange-haftbedingungen-gesundheit-lebensgefahr/komplettansicht

[3] https://www.deutschlandfunk.de/heribert-prantl-zu-julian-assange-es-gilt-fuer-jemanden-100.html

[4] https://www.pen-deutschland.de/de/2020/07/03/offener-brief-forderung-nach-sofortiger-freilassung-julian-assanges/

[5] https://www.dw.com/en/germany-urges-uk-to-uphold-human-rights-in-assange-case/a-56098705

[6] https://www.nd-aktuell.de/artikel/1150383.julian-assange-sie-wollen-ihn-umbringen.html

[7] https://www.tagesschau.de/ausland/europa/assange-auslieferung-113.html

[8] https://www.republik.ch/2020/01/31/nils-melzer-spricht-ueber-wikileaks-gruender-julian-assange

[9] https://web.archive.org/web/20140126013224/http://www.theguardian.com/world/2013/jun/09/edward-snowden-nsa-whistleblower-surveillance?CMP=twt_gu

[10] https://web.archive.org/web/20131008071158/http://www.sueddeutsche.de/politik/whistleblower-edward-snowden-allein-gegen-die-supermacht-1.1692537-2

[11] https://web.archive.org/web/20140506201202/http://de.ria.ru/politics/20130712/266474635.html

[12] https://www.europarl.europa.eu/news/en/press-room/20151022IPR98818/mass-surveillance-eu-citizens-rights-still-in-danger-says-parliament

[13] https://web.archive.org/web/20141215091146/http://rightlivelihood.org/snowden.html

[14] https://www.zeit.de/digital/datenschutz/2014-12/edward-snowden-stockholm-alternativer-nobelpreis-verleihung

[15] https://www.welt.de/politik/ausland/article124360205/Edward-Snowden-fuer-Friedensnobelpreis-nominiert.html

[16] https://de.wikipedia.org/wiki/Volkszählung

[17] https://www.familysearch.org/wiki/de/Deutschland_Volkszählungen

[18] https://de.wikipedia.org/wiki/Liste_der_Volkszählungen_in_Deutschland
[19] https://www.destatis.de/DE/Themen/Gesellschaft-Umwelt/Bevoelkerung/Bevoelkerungsstand/Glossar/volkszaehlung.html
[20] https://www.bpb.de/politik/hintergrund-aktuell/248750/volkszaehlung-1987-22-05-2017
[21] https://www.zvab.com/9783452322906/gegen-Mikrozensus-Volkszählung-tun-Rottmann-3452322904/plp
[22] https://www.bpb.de/gesellschaft/digitales/persoenlichkeitsrechte/244837/informationelle-selbstbestimmung
[23] https://dejure.org/gesetze/StGB/202a.html
[24] https://www.welt.de/geschichte/article114608214/Wie-viele-Spitzel-hatte-die-DDR-Staatssicherheit.html
[25] https://www.michaelmauel.de/datenschutz-fuer-jedermann-die-geschichte-des-datenschutzes/
[26] https://www.jstor.org/stable/1321160?seq=1#metadata_info_tab_contents
[27] https://www.justice.gov/opcl/privacy-act-1974
[28] https://datenschutz.hessen.de/ueber-uns/geschichte-des-datenschutzes
[29] https://dsgvo.expert/wp/die-datenschutzgrundverordnung/entstehungsgeschichte/
[30] https://de.wikipedia.org/wiki/Griswold_v._Connecticut
[31] https://www.termsfeed.com/blog/caloppa/
[32] https://www.menschenrechtserklaerung.de
[33] https://www.echr.coe.int/Documents/Convention_deu.pdf
[34] https://www.bpb.de/nachschlagen/lexika/recht-a-z/22671/persoenlichkeitsrecht
[35] https://www.grundrechteschutz.de/gg/recht-auf-informationelle-selbstbestimmung-272
[36] https://www.grin.com/document/55790
[37] https://www.bfdi.bund.de/DE/Datenschutz/Ueberblick/Was_ist_Datenschutz/Artikel/InformationelleSelbstbestimmung.html
[38] https://orange-services.de/artikel/newskategorie/wie-viele-suchanfragen-beantwortet-google
[39] https://de.statista.com/statistik/daten/studie/75188/umfrage/werbeumsatz-von-google-seit-2001/
[40] https://www.bpb.de/politik/hintergrund-aktuell/262861/lauschangriff
[41] http://www.barksbase.de/deutsch/bbload.htm?bbid=cdd&bbmain=http%3A//www.barksbase.de/deutsch/dd117.htm&bbselect=bbcsel.htm
[42] https://deacademic.com/dic.nsf/dewiki/832602

[43] https://www.zeit.de/digital/datenschutz/2013-10/hintergrund-nsa-skandal
[44] https://www.dw.com/de/merkel-ausspähen-unter-freunden-das-geht-gar-nicht/a-37580819
[45] https://rsw.beck.de/aktuell/meldung/eugh-behoerdlicher-zugang-zu-kommunikationsdaten-kann-auch-bei-weniger-schweren-straftaten-zulaessig-sein)
[46] https://dejure.org/dienste/vernetzung/rechtsprechung?Gericht=EuGH&Datum=02.10.2018&Aktenzeichen=C-207%2F16
[47] https://www.tecchannel.de/a/datenmengen-explodieren-durch-sensordaten,2056615
[48] https://blog.wiwo.de/look-at-it/2019/09/09/internet-of-things-knapp-27-milliarden-vernetzte-geraete-oder-3-iot-gadgets-je-mensch/
[49] https://www.dhs.gov/fusion-centers
[50] https://publicintelligence.net/fusion-centers/ und https://www.wired.com/2012/03/ff-nsadatacenter/
[51] https://www.pen-deutschland.de/de/2013/12/10/internationaler-aufruf-gegen-massenueberwachung/
[52] https://www.churchlawcenter.com/church-law/church-committees/
[53] https://www.zeit.de/thema/daniel-ellsberg
[54] https://programm.ard.de/TV/Programm/Sender/?sendung=28725553065808
[55] https://www.zeit.de/kultur/2019-04/wikileaks-gruender-julian-assange-enthuellung-transparenz/seite-3
[56] https://www.lto.de/recht/hintergruende/h/zehn-jahre-patriot-act-the-american-way-of-terrorbekaempfung/
[57] https://www.coe.int/de/web/portal/-/digital-surveillance-by-intelligence-services-states-must-take-action-to-better-protect-individuals
[58] https://www.coe.int/de/web/conventions/full-list
[59] https://www.heise.de/select/ix/2018/7/1530927567503187
[60] https://www.ionos.de/digitalguide/websites/web-entwicklung/arpanet-definition-geschichte-des-internetvorgaengers/
[61] https://www.br.de/themen/ratgeber/inhalt/computer/internet-www-geschichte-100.html
[62] https://www.zeit.de/digital/internet/2013-01/internet-ausfall-schadenersatz-provider
[63] https://internet-governance-radar.de/hintergrund/geschichte-begriff
[64] https://www.zeit.de/digital/datenschutz/2013-10/hintergrund-nsa-skandal
[65] https://www.geo.de/geolino/mensch/2644-rtkl-weltveraenderer-edward-snowden
[66] https://www.stuttgarter-nachrichten.de/inhalt.edward-snowden-putin-bietet-snowden-asyl-in-russland-an-unter-bedingungen.d141f80b-20c8-4844-8915-930235600b8b.html

[67] https://www.onvista.de/news/obama-will-keine-jets-schicken-um-hacker-zu-fassen-540765

[68] https://www.spiegel.de/politik/deutschland/bnd-chef-schindler-geraet-in-der-spaehdebatte-in-die-kritik-a-912430.html

[69] https://www.ovb-online.de/weltspiegel/politik/google-weiss-mehr-eigene-ehefrau-7180299.html

[70] https://irights.info/artikel/metadaten-fotos-anbringen-loeschen-bearbeiten/26353

[71] https://www.stern.de/digital/online/tracking--der-kampf-apple-gegen-facebook-geht-in-die-naechste-runde-9537080.html

[72] https://www.gesetze-im-internet.de/netzdg/BJNR335210017.html

[73] https://www.google.com/search/howsearchworks/algorithms/

[74] https://de.statista.com/statistik/daten/studie/75188/umfrage/werbeumsatz-von-google-seit-2001/

[75] https://www.horizont.net/marketing/nachrichten/warc-analyse-globaler-werbemarkt-waechst-nur-dank-google-facebook-und-amazon-178486

[76] https://de.statista.com/statistik/daten/studie/1858/umfrage/entwicklung-des-werbemarktes-in-deutschland-seit-1997/

[77] https://de.statista.com/statistik/daten/studie/459039/umfrage/volumen-des-werbemarktes-in-deutschland/

[78] https://www.sueddeutsche.de/thema/Bradley_Manning

[79] https://www.heise.de/newsticker/meldung/Bradley-Manning-als-Wikileaks-Informant-Es-sind-die-wichtigsten-Dokumente-unserer-Zeit-1814335.html

[80] https://www.sueddeutsche.de/politik/wikilieaks-deutsche-enthuellunge-yes-he-s-the-man-fdp-findet-ihren-maulwurf-1.1031358

[81] https://www.sueddeutsche.de/politik/chelsea-manning-freilassung-whistleblowerin-1.4843333

[82] https://www.zeit.de/2020/07/wikileaks-gruender-julian-assange-haftbedingungen-gesundheit-lebensgefahr/komplettansicht

[83] https://www.pen-deutschland.de/de/2020/07/03/offener-brief-forderung-nach-sofortiger-freilassung-julian-assanges/

[84] https://www.theguardian.com/world/2014/jul/18/-sp-edward-snowden-nsa-whistleblower-interview-transcript

[85] https://www.griechenland.net/nachrichten/tv-tipps/24162-das-trojanische-pferd-mythos-und-realität

[86] https://www.zeit.de/digital/datenschutz/2017-06/staatstrojaner-gesetz-bundestag-beschluss

[87] https://www.bka.de/DE/UnsereAufgaben/Ermittlungsunterstuetzung/Technologien/QuellentkueOnlinedurchsuchung/quellentkueOnlinedurchsuchung_node.html

[88] https://www.phoenix.de/eberwachung-durch-staatstrojaner-a-2192315.html

[89] https://www.sonntagmorgen.com/staatstrojaner-erkennen/
[90] https://www.tagesschau.de/investigativ/staatstrojaner-103.html
[91] https://netzpolitik.org/2020/update-bei-google-und-apple-kontaktverfolgung-soll-bald-auch-ohne-app-klappen/
[92] https://www-bloomberg-com.cdn.ampproject.org/c/s/www.bloomberg.com/amp/news/articles/2020-04-10/apple-google-bring-covid-19-contact-tracing-to-3-billion-people
[93] https://www.pepp-pt.org
[94] https://t3n.de/news/pepp-pt-technologie-spahn-fuer-1272839/
[95] https://www.tagesschau.de/inland/coronavirus-app-107.html
[96] Stasi 2.0, Andreas Dripke, Markus Miksch, ISBN 978-3947818051
[97] https://www.bfdi.bund.de/DE/Datenschutz/Themen/Telefon_Internet/TelefonArtikel/Vorratsdatenspeicherung.html
[98] https://www.bka.de/DE/UnsereAufgaben/Ermittlungsunterstuetzung/Technologien/QuellentkueOnlinedurchsuchung/quellentkueOnlinedurchsuchung_node.html
[99] https://www.heise.de/newsticker/meldung/Oberverwaltungsgericht-Vorratsdatenspeicherung-ist-europarechtswidrig-3753179.html
[100] https://www.stern.de/digital/technik/sea-dragon--chinesische-hacker-erbeuten-streng-geheime-us-waffen-plaene-8186588.html
[101] https://www.heise.de/security/meldung/Spectre-NG-Foreshadow-gefaehrdet-Intel-Prozessoren-4137209.html
[102] https://blog.avast.com/de/wannacry-auch-ein-jahr-danach-ist-es-noch-zum-heulen
[103] https://www.gdv.de/de/themen/news/der-mittelstand-im-fadenkreuz-von-cyberkriminellen-31276
[104] https://www.wmn.de/business/innovation/donald-trump-wurde-von-russen-gehackt-schon-wieder-id20938
[105] https://www.msn.com/de-de/nachrichten/other/cyberangriff-hacker-haben-offenbar-auch-us-atomwaffenbehörde-attackiert/ar-BB1c1fyb
[106] https://www.tagesschau.de/ausland/usa-cyberangriff-101.html
[107] Wenn sich China und Russland verbünden… – Die Herausforderung der Freien Welt, Andreas Dripke, Hang Nguyen, Jamal Qaiser, 260 Seiten, Paperback, ISBN 978-3-98674-016-0